民航特色专业系列教材

航空公司运行控制方法

（第二版）

孙樊荣　钱　戈　王　磊　编著

科学出版社

北　京

内 容 简 介

本书主要介绍航空公司运行控制工作方法和程序，内容包括运行控制的安全要求、飞行签派员向驾驶员做飞行前简介、签派放行前对飞行条件的评估、与机长共同做出放行决定、飞行中和飞行后的运行控制工作、飞行文件等。本书内容精练、概念清晰，每章均精选了一定量的思考题，涵盖核心教学内容，难易适中，便于学生自学和教师施教。

本书可作为普通高等院校民航交通运输专业的高年级本科生及研究生的专业课程教材，也可供相关专业技术人员参考。

图书在版编目（CIP）数据

航空公司运行控制方法 / 孙樊荣，钱戈，王磊编著. —2 版. —北京：科学出版社，2023.9

民航特色专业系列教材

ISBN 978-7-03-076369-3

Ⅰ. ①航…　Ⅱ. ①孙…　②钱…　③王…　Ⅲ. ①航空公司-运营管理-教材　Ⅳ. ①F560.6

中国国家版本馆 CIP 数据核字（2023）第 177536 号

责任编辑：余　江　陈　琪 / 责任校对：王　瑞

责任印制：赵　博 / 封面设计：马晓敏

科学出版社 出版

北京东黄城根北街 16 号

邮政编码：100717

http://www.sciencep.com

北京中石油彩色印刷有限责任公司印刷

科学出版社发行　各地新华书店经销

*

2010 年 11 月第　一　版　开本：787×1092　1/16

2023 年 9 月第　二　版　印张：9 1/4

2025 年 7 月第十次印刷　字数：220 000

定价：59.00 元

（如有印装质量问题，我社负责调换）

前　言

航空公司运行控制是指利用飞行动态控制系统，对某次飞行的起始、持续和终止行使控制权的过程，是对签派放行、机组管理、机务协调、地面保障等业务进行统筹管理的过程，是航空公司的核心业务。

现代航空公司是由高度专业化的各职能部门构成的一个系统，各部门必须以紧密和有效的方式运行。相比市场部门所追求的最大收益、飞行和机务部门所追求的绝对安全，航空公司运行控制部门的目标是收益和安全的平衡。运行控制工作既不应随意地取消航班、追求过度的安全而导致收益严重受损，也不能任意地放行航班、追求收益而导致飞行处于危险中。因此，运行控制人员需要通过恰当的信息收集和管理程序，分析恶劣的天气、轻微的故障、运行经验和飞行经历不足的机组、设备简陋的机场等运行条件，采取推迟起飞或更换飞机等控制方法，在确保达到足够的安全水平后，争取最大收益。因此，运行控制工作深刻影响着飞行安全、公司收益和旅客服务质量，并且航空公司规模的迅速发展，对运行控制的质量要求日益提高，学习并掌握现代航空公司运行控制的程序和方法，具有重要的应用价值和现实意义。

本书是关于航空公司运行控制工作的专业书籍，基于 CCAR-121-R7 编制，深入介绍运行控制的组织体系，系统阐述运行分析的理论方法，总结完善运行控制的工作要求。本书共 8 章：第 1 章为概念演变，介绍航空公司运行控制的基本概念、地面签派人员和空中飞行人员的合作、运行合格审定和运行规范的适用要求；第 2 章为运行组织，介绍航空公司运行控制体系、安全政策和运行控制责任、运行控制中心的机构设置、飞行签派员合格要求等；第 3 章为运行计划，介绍航班和航线的管理程序、航班计划的要素和制定方法、航班正常性管理；第 4 章为运行标准，阐述与运行控制密切相关的航行情报和航空气象要素，重点介绍机场运行最低标准；第 5 章为运行限制，介绍飞机要求、飞机性能要求、机组要求、航路和空管限制等；第 6 章为签派放行，介绍与机长共同做出放行决定的评估方法、签派放行的文件；第 7 章为动态监控，介绍运行监控、航空器追踪、信息获取与传递、更改初始签派放行等要求；第 8 章为信息支持，重点介绍飞行文件、记录与报告等资料要求，包括 ATC 飞行计划的填报、对延迟和失踪航空器信息的收集与发布、到达确认、听取天气汇报和报告飞行不正常情况等。本书配有线上课程教学视频、课件及作业等学习资料，请参见 https://mooc1-1.chaoxing.com/course/222758282.html。

在本书编写和审校过程中，得到了中国民用航空华东地区管理局、中国民用航空江苏安全监督管理局航务处、中国东方航空股份有限公司和上海吉祥航空股份有限公司的大力支持，在此表示感谢！

由于本书涉及面广，作者的水平和经验有限，书中难免存在不妥之处，敬请读者批评指正。

作 者

2023年1月

目　录

第1章 概念演变

现代航空公司是由高度专业化的各组成部分构成的复杂系统。为了向旅客提供满意的安全水平和优质的服务，以及获得足够的收益，航空公司各组成部分必须以紧密和有效的方式运行。航空公司的这些组成部分，也就是公司的资源，包括人员、机队、程序、技术支持工具和基础设施等多方面。只有将这些资源以最佳的方式使用，才能在保证安全的同时使得收益最大化，使公司得到发展。

航空公司的三大核心业务是提供运行控制、旅客服务及机务管理。运行控制(Operation Control)是指航空公司指定的专业人员应用飞行动态控制的系统和程序，对某次飞行的起始、持续和终止行使控制权的过程，就是对航空公司的签派、机组、机务、地服、商务等多种资源进行统筹管理的过程。运行控制水平的高低直接关系到飞行安全、飞机及机组的利用率、飞行运作成本和旅客服务质量，是航空公司最重要的工作业务。因此，每家航空公司都需要根据本公司的运行特点，制定相应的标准和程序，从而确保运行控制能力，提高运行管理水平，在保证飞行安全的同时，压缩运行成本，改善服务质量。

1.1 运行控制的历史和发展

1.1.1 运行控制概念的发展演变

20 世纪 20 年代之前，航空公司的运行部门中只有飞行员和机务维修人员，航空运输的主要任务是运送邮件，仅有少量旅客运输服务。飞机没有无线电，大多数甚至没有任何导航仪表，飞行员依靠估算来飞行，并且飞行运行没有任何安全规章，是否能起飞由飞行员自己掌握。因此飞行是一件非常危险的工作。1918 年美国邮政局招收的第一批四十名飞行员中，有三名死于 1919 年的坠机事故，还有九名死于 1920 年的坠机事故。

20 世纪 20 年代之后，随着新型飞机的问世，航空运输的安全性和运营能力逐渐提高。1922 年美国的邮政飞行全年没有发生一起死亡事故。受惠于技术的进步，不仅飞机的载重量有了很大的提升，而且随着导航技术和灯光系统的进步，夜间飞行也变得可行。更为重要的是，由于 30 年代后无线电设备性能的提升，地空通信成为可能，因此地面人员有可能参与空中飞行活动，为运行安全提供帮助。

随着航线的扩大和新型飞机的生产，客观上要求有一定的法律来规范民用航空运输活动。美国国会在 1938 年制定了《民用航空法》，明确规定航空公司应当建立运行控制机构以确保飞行安全。第一次出现了“运行控制”概念，并产生了一种新兴的职业——飞行签派员。飞行签派员是持有执照的地面人员，依据规章管理飞行运行，并和机长共同对飞行安全承担责任。随着时间的推移，美国的《民用航空法》发生了很大的变化，但是由飞行签派员和机长共同对飞行安全负责的基本理念却始终没变。其他国家在建立自己的民航法规体系时，也都采纳了这种理念，设立专门的地面人员以保障飞行安全。虽然这些地面人员的职业名称不同，如 Flight Dispatcher、Flight Superintendent、Flight Controller 等，但都是为了使地面人员参与及负责运行控制工作。

随着航空技术的进一步发展，航空公司的运行控制经历以下阶段。

第一阶段，随着航空运输逐步从运动竞技、货邮运输走向旅客运输，考虑到飞行事故的惨烈性，如何在广域范围内、不确定信息条件下、复杂运行环境中持续保障飞行安全，是推动航空公司建立运行控制体系的核心因素。

第二阶段，随着飞行安全性的提升，航空出行方式被广为接受，并且伴随飞机成本下降，航空公司规模日益庞大。如何有效地运营这么多的飞机，以及提高飞机和机组的利用率，成为保证航空公司竞争力的一个新挑战。

第三阶段，随着大型远程喷气式飞机被引入到民航运输中，其固有的飞行速度快、运输能力强和技术复杂、价格昂贵的特点，使得航空业成为一个高投入、微利润、高风险的行业。此时航空公司运行控制不仅需要保障飞行安全，更重要的是需要关注运行成本，如制定更加经济的飞行计划等。

第四阶段，由于航空公司普遍具有良好的现金流，随着资本经济的发展，出现大量低成本航空公司，民航市场竞争加剧，因此控制运行成本越发重要。不过技术的发展使得飞行安全越来越容易保证。如何平衡安全和收益的关系，成为运行控制工作中不可回避的问题。

第五阶段，随着信息技术和飞机技术的发展，卫星通信、低能见度运行、大数据管理等技术进一步提升了飞行安全性和成本控制能力，但是枢纽机场和繁忙航线日益拥挤，航班正常性成为制约航空公司经济收益的关键要求，运行控制工作的重要性进一步提升。

可见，最初是出于民航局和民航地区管理局及其派出机构(简称局方)对飞行安全的要求，航空公司建立运行控制中心；随着技术发展，航空公司普遍认识到民航的安全和成本互为条件。与其他的交通方式相比，飞行是非常安全的，并且航空公司也会持续采取更好的措施保障安全。但是对于安全的追求，伴随的是运行成本的增加，如何保证安全和成本的平衡是一个复杂的问题，例如，在气象不稳定情况下，如果继续飞行必然会降低安全性，但是如果鲁莽地直接取消所有的航班，自然是确保了安全，然而又会使航空公司蒙受重大损失，并且给旅客造成极大的不便。因此现代的运行控制概念被赋予了全新的定义，包括以下几个方面：

(1) 以低成本完成公布的航班飞行计划；

(2) 以合理的成本保障最大安全；

(3) 根据公司资产，高效地保持全部地面服务和空中飞行设备运转；

(4) 监督飞行运行满足法律规章和手册的要求；有效地管理和协调好各个工作部门。

1.1.2 我国的运行控制发展状况

1952 年，中国人民航空公司成立，民航的行政管理和企业经营分开。在航行调度方面，实行管制和签派分离制度，即民用航空局负责空中交通管制业务，中国人民航空公司负责飞行签派业务。为明确分工和职责，民用航空局规定“根据航路及到达站的天气情况，由航空公司飞行签派员负责做出放行许可”。1954 年，民用航空局制定了《飞行签派制度(草案)》，其中飞行签派室的职责如下：

(1) 规定安全时限，拟定飞行高度，计算航程和航行时间；

(2) 制定航线和选择备降机场；

(3) 签发放行许可，驾驶员未取得放行许可不得起飞；

(4) 了解飞行动态；

(5) 与空中交通管制部门和空军保持密切联系。

1958 年，中国民用航空局划归交通部领导，1960 年改称“交通部民用航空总局”。1962 年，名称改为“中国民用航空总局”，其业务及人事等均直接归空军负责管理。

1974 年 2 月 15 日，我国开始行使其在 ICAO 的代表权，承认《国际民用航空公约》，并自同日起参加国际民用航空组织的活动，因此我国的民航运输体系必须满足 ICAO 的要求，从而促进了中国民航和国际的接轨。

1980 年 3 月 5 日，中国民用航空局从隶属于空军改为国务院直属机构，实行企业化管理。此时的中国民用航空局是政企合一，既是主管民航事务的政府部门，又是以“中国民航(CAAC)”名义直接经营航空运输、通用航空业务的全国性企业，并且下设北京、上海、广州、成都、兰州(后迁至西安)、沈阳 6 个民用航空地区管理局，1985 年又设立中国民用航空乌鲁木齐管理局。

1984 年 7 月 25 日，厦门航空有限公司(简称厦门航空公司)由中国民用航空局与福建省合作创办，这是中国首家按现代企业制度运营的航空公司。1985 年 12 月 30 日，上海市组建的上海航空公司成立，成为第一家自主经营的国营地方航空运输企业。1987 年，中国政府决定对民航业进行以航空公司与机场分设为特征的体制改革，主要内容是将原民航北京、上海、广州、成都、西安、沈阳 6 个民用航空地区管理局的航空运输和通用航空相关业务、资产和人员分离出来，组建 6 个国家骨干航空公司，实行自主经营、自负盈亏、平等竞争的原则。这 6 个国家骨干航空公司是中国国际航空股份有限公司(简称国际航空公司)、中国东方航空股份有限公司(简称东方航空公司)、中国南方航空股份有限公司(简称南方航空公司)、中国西南航空公司(简称西南航空公司)、中国西北航空公司(简称西北航空公司)、中国北方航空公司(简称北方航空公司)，同一时期各地还成立武汉、福建、长安、贵州、山西等区域性航空公司。

1993 年 4 月 19 日，中国民用航空局改称中国民用航空总局(简称民航总局)，属国务院直属正部级机构。2002 年 3 月中国民航业再次进行重组，民航总局直属航空公司和辅助支持单位合并，于 2002 年 10 月正式挂牌成立六家中央直属企业集团，分别是三家航空服务保障集团公司(从事航空运输信息服务的中国民航信息集团有限公司、从事国内航空油品供应的中国航空油料集团有限公司、从事飞机采购及航空器材保障的中国航空器材集团有限公司)和三家航空运输集团公司(中国航空集团有限公司、中国东方航空集团有限公司、中国南方航空集团有限公司)。

为了应对 21 世纪航空运输市场的竞争，中央企业积极整合资源，形成三家航空运输集团，同时大部分隶属地方国有资产监督管理委员会(简称国资委)的航空公司选择向中央企业集团靠拢，四川航空股份有限公司(简称四川航空公司)、山东航空股份有限公司

(简称山东航空公司)、上海航空有限公司、厦门航空有限公司(简称厦门航空公司)、深圳航空有限责任公司(简称深圳航空公司)及其下属子公司通过股权变更等方式，成为三大航的控股子公司。

2005 年，民航运输向民营资本开放，海南航空公司通过积极与国际资本、民营资本合作，以航空运输主业为核心，多业并举混合发展，从单一的地方航空运输企业发展成为跨国企业集团，同一时期奥凯航空有限公司、春秋航空股份有限公司(简称春秋航空公司)、上海吉祥航空股份有限公司(简称吉祥航空公司)等一批航空公司纷纷成立。但考虑到飞行安全和人员资质问题，民航总局自 2007 年起一度暂停批复成立民营航空公司。在 2010 年放开后，长龙航空有限公司、瑞丽航空有限公司、青岛航空股份有限公司等陆续获批投运，海航集团旗下的航空公司大举扩张。

民航局自 2016 年再次收紧对新设航空公司的准入管理，严格控制新设航空公司，对支线航空转干线、全货运航空转客运，都规定了更严格的限制条件。由于航空运输天然具有国际化属性，因此近年来在东南亚注册成立多家民营航空公司，签派飞行机务等专业技术人员均来自中国，包括澜湄航空集团有限公司、柬埔寨 JC 国际航空公司等，主营东南亚热点城市直飞中国的航线。

迄今为止，我国已有国际航空公司、南方航空公司、东方航空公司、海南航空公司、春秋航空公司、吉祥航空公司等五十余家航空公司，预计 2030 年全国民航运输飞机将超过 6000 架。运输规模的拓展和运行复杂性急剧增长，迫使航空公司必须建立与运行规模相适应的运行控制能力。总体而言，我国航空公司的运行控制能力相比国际领先水平还有一定差距，主要体现在：运行控制系统仍依赖进口、自主可控程度低，时刻资源、航线资源利用效率低，运行控制业务流程、飞行跟踪通信、气象数据集成等方面的系统问题还有待体系整合等。随着我国民航竞争程度的加深，现有的航空公司都面临日益严峻的挑战，这都催促航空公司需要重视提高运行控制的水平，追求更加高效地控制运行。

1.2 航空公司运行合格审定

为了保证航空公司具备足够的安全运行能力，民航局建立法律规章体系，对航空公司进行合格审定以及持续的监督检查。民航局按照规章对航空公司进行运行合格审定，包括对相关手册、大纲、资料、设备、人员进行审定，以及要求航空公司实施运行的验证演示等。当确实达到规定要求，能够安全运行时，民航局才会颁发运行合格证和运行规范，批准航空公司实施运行。航空公司获得运行合格证开始运行之后，民航局还将对其实施持续性的监督，保证其运行始终符合规章的要求。

1.2.1 运行合格审定单位

我国民用航空主管部门是交通运输部下属的中国民用航空局，其在北京、上海、广州、成都、沈阳、西安、乌鲁木齐设有民航地区管理局，在省会城市、部分繁忙机场及特殊地区设有民航安全监督管理局(在拉萨设有民航西藏自治区管理局)。对航空公司的运行能力实施审定的具体工作由民航局、民航地区管理局和地方监管局三级分工负责。

民航局负责对大型飞机公共航空运输承运人的合格审定和运行实施统一监督管理，民航局飞行标准职能部门依据规章组织指导航空公司的运行合格审定和持续监督检查工作，制定必要的工作程序，规定运行合格证、运行规范及其申请书的统一格式；民航地区管理局负责对其所辖地区内设立的航空公司实施运行合格审定，颁发运行合格证和运行规范，并及时向民航局飞行标准职能部门备案；地方监管局负责对其所辖地区内设立的航空公司运行工作实施持续监督检查。

在运行控制工作中，民航局负责制定公司运行控制政策和标准，指导民航地区管理局的运行控制的监督管理工作；民航地区管理局负责本地区公司运行控制的监督管理工作，指导地方监管局进行相关监督检查；地方监管局负责监督检查本辖区公司的签派放行和运行控制的具体工作完成情况。

在专业执照管理工作中，民航局负责制定执照管理规章，以及执照的审核及颁发；民航地区管理局负责执照考试的组织实施、颁发临时执照并报批正式执照，以及正式执照的年审和签注；地方监管局负责执照申请人的资格初审，以及日常检查专业人员持照上岗情况。

在飞行性能管理工作中，民航局负责制定航空公司飞机性能的政策和标准，指导民航地区管理局飞行性能的监督管理工作；民航地区管理局负责本地区航空公司的飞行性能管理，指导地方监管局的相关监督检查工作，审批飞机一发失效应急程序；地方监管局负责监督本辖区航空公司飞行性能的具体工作，以及检查日常运行是否满足计划要求，并参与审批飞机一发失效应急程序。

1.2.2 运行分类

现代社会对航空运行安全性的要求是与发生事故的后果密切相关的，特技飞行出现伤亡事故的社会影响远小于定期载客航班事故，航空技术也不能满足让单发轻型飞机和四发远程客机具备同样的安全性，同时考虑到安全和成本的相互约束，局方必须对航空运行有所区分。针对各类运行，分别制定运行合格标准，不仅保障飞行安全，同时也为民航发展提供有利环境。

我国针对运行分类和运行合格标准的规章有三部，分别是《一般运行和飞行规则》（CCAR-91 部）、《小型航空器商业运输运营人运行合格审定规则》（CCAR-135 部）、《大型飞机公共航空运输承运人运行合格审定规则》（CCAR-121 部）。

CCAR-91 部是基础规章，适用于所有在我国空域内运行的民用航空器，它规定了商业非运输运营人颁发运行合格证和运行规范的要求。

CCAR-135 部是在 CCAR-91 部的基础上为小型航空器商业运输运营人提出更高的运行标准，适用于旋翼机、单发航空器和起飞权重较小或者载运能力较低的多发航空器的运输飞行。

CCAR-121 部为大型飞机公共航空运输承运人提出最高的运行标准，适用于起飞权重较大或者载运能力较强的多发飞机的运输飞行。

由于所使用的航空器的大小、载运能力不同，而且在实际运行中，按照 CCAR-121

部实施的运行以定期航班运行为主，按照 CCAR-135 部实施的运行以非定期运行为主，因此从两部规章所体现的具体运行安全标准上看，CCAR-121 部要高于 CCAR-135 部。例如，在运行控制的要求上，CCAR-121 部的定期载客运行要求承运人建立飞行签派系统，由飞行签派员和机长共同负责航空器的签派放行，并且要求定期载客的航空器在飞行期间与签派室之间建立全程通信；而 CCAR-135 部只要求承运人建立飞行定位系统，不要求设置飞行签派员，也不要求建立全程通信。其他在机组成员的训练和资格要求、航空器设备、航空器性能、机组值勤时间要求等各个方面，也存在 CCAR-135 部要求低于 CCAR-121 部要求的情况。

我国的商业运输航空公司均是按照 CCAR-121 部实施运行，公务机公司和从事短途运输的通用航空公司按照 CCAR-135 部实施运行，大部分从事航空作业的通航公司是按照 CCAR-91 部实施运行的。本书中的运行控制相关要求采用 CCAR-121 部的标准。

具体而言，CCAR-121 部适用于在中华人民共和国境内依法设立的航空运营人实施的下列公共航空运输运行：

(1) 使用最大起飞全重超过 5700kg 的多发飞机实施的定期载客运输飞行；

(2) 使用旅客座位数超过 30 座或者最大商载超过 3400kg 的多发飞机实施不定期载客运输飞行；

(3) 使用最大商载超过 3400kg 的多发飞机实施的全货物运输飞行。

注：在 CCAR-121 部中，对于载运邮件的飞行，视为载运货物飞行；对于同时载运旅客和货物的飞行，视为载运旅客飞行；不定期载客运输飞行和全货物运输飞行又称为补充运行。因此，对于按照 CCAR-121 部审定合格的航空公司，民航局授权相关的民航地区管理局，按照审定情况在其运行合格证和运行规范中批准的运行种类可以分为两类：定期载客运输飞行和补充运行。

1.2.3 运行合格证和运行规范

大型飞机公共航空运输承运人实施运行前，应向其主运营基地所在地的民航地区管理局申请颁发运行合格证和运行规范。民航地区管理局按照预先申请、正式申请、文件审查、演示验证和发证五个步骤进行审查。运行合格证的申请人应当按照规定的格式和方法向其主运营基地所在地的民航地区管理局提交申请书，申请人经过审查后符合下列条件，可以取得大型飞机公共航空运输承运人运行合格证和相应的运行规范：

(1) 满足 CCAR-121 部和中国民用航空规章所有适用条款的要求；

(2) 按照中国民用航空规章的规定，配备了合格和足够的人员、设备、设施和资料，并且能够按照 CCAR-121 部的规定及其运行规范实施安全运行。

1. 运行合格证

大型飞机公共航空运输承运人的运行合格证包含下列内容：

(1) 合格证持有人的名称；

(2) 合格证持有人主运营基地的地址；

(3) 合格证的编号；

(4) 合格证的生效日期；

(5) 负责监督该合格证持有人运行的局方机构名称或者代号；

(6) 被批准的运行种类；

(7) 说明经审定该合格证持有人符合 CCAR-121 部的要求，批准其按照所颁发的运行规范实施运行。

2. 运行规范

大型飞机公共航空运输承运人的运行规范包含下列内容：

(1) 主运营基地的具体地址，作为合格证持有人与局方进行通信联系的不同于其主运营基地地址的地址，以及其文件收发机构的名称与通信地址；

(2) 对每种运行的实施规定的权利、限制和主要程序；

(3) 每个级别和型别的飞机在运行中需要遵守的其他程序；

(4) 批准使用的每架飞机的型号、系列编号、国籍标志和登记标志，运行中需要使用的每个正常使用机场、备降机场、临时使用机场和加油机场，经批准，这些项目可以列在现行有效的清单中，作为运行规范的附件，并在运行规范的相应条款中注明该清单名称，合格证持有人不得使用未列在清单上的任何飞机或者机场；

(5) 批准的运行种类；

(6) 批准运行的航线和区域及其限制；

(7) 机场的限制；

(8) 机体、发动机、螺旋桨、设备（包括应急设备）的维修时限或者确定维修时限的标准；

(9) 批准的控制飞机重量与平衡的方法；

(10) 飞机互换的要求；

(11) 湿租飞机的有关资料；

(12) 按照规定颁发的豁免或者批准的偏离；

(13) 局方认为必需的其他项目。

3. 遵守运行合格证和运行规范的要求

合格证持有人应当将其运行合格证和完整有效的运行规范保存在主运营基地，并能随时接受局方的检查，还应当将其运行规范中的有关内容或者信息写进公司手册中，并且应当清楚地写明这些内容是其运行规范的一部分。合格证持有人应当说明运行规范的每一条要求具有强制性，目的是保证每个参与运行工作的人员熟知运行规范中适用于该人员工作职责的有关规定。

合格证持有人不得违反运行合格证、运行规范和其他批准项目的实施运行，当在紧急情况下为保护人员生命和财产必须采取运送人员或者财产的行动，或为执行军方合同时，局方可以批准合格证持有人偏离或豁免有关规定。在批准一项偏离或豁免时，局方将对合格证持有人的运行规范颁发相应的修改项，合格证持有人不得超越批准的偏离或者豁免。

偏离是指对于规章中明确允许偏离的条款，合格证持有人在提出恰当理由和证明能够达到同等安全水平的情况下，经局方批准，可以不遵守相应条款的规定或者遵守替代的规定、条件或限制。

豁免是指对于规章中没有明确允许偏离的条款，合格证持有人在提出恰当的理由、相应的安全措施并证明这些安全措施能保证同等安全水平的情况下，经民航局批准，可以不执行相应的规章条款，而执行民航局在做出此项批准时所列的规定、条件或者限制。豁免是遵守规章的一种替代做法，遵守所颁发的豁免及其条件和限制，就是遵守规章。

1.2.4 运行区域的批准

1. 定期载客运行的要求

从事定期载客运行的航空公司，必须在考虑机场、灯光、维修、通信、导航、加油、地面、机载无线电等各种设施的可用性和充分性，以及参与运行的全体人员的能力之后，向局方证明其申请运行的航路区域能够达到下列条件。

(1)所申请批准的航路上具有足够的机场，航空公司能在该航路上每一正常使用机场、临时使用机场或者加油机场之间令人满意地实施运行，考虑的因素应当包括机场的等级、道面、障碍物、设施、公众保护、灯光、导航、通信、气象设施以及空中交通管制等。

(2)航路中需要使用的每个机场，航空公司都能够获得、保存现行有效的航行资料，并且具有将其分发给每个有关人员的经批准的资料管理系统，以确保飞机在该机场运行的安全。

(3)在正常运行条件下，在整个航路上，所有各点都具有陆空双向无线电通信系统，能保证每架飞机与相应的签派室之间，每架飞机与相应的空中交通管制单位之间，以直接的或者通过经批准的点到点间的线路进行迅速可靠的通信联系。除经局方根据所用机型和运行情况做出特殊批准外，对于合格证持有人的所有运行，每架飞机与签派室之间的通信系统应当是空中交通管制通信系统之外的独立系统，能够满足在正常运行条件下，在 4min 内建立迅速可靠的语音通信联系。

注：美国联邦航空局咨询通告 AC-120-101 *Part 121 Air Carrier Operational Control* 第 9 节明确了建立通信的时间标准是 4min，其主用的方式是语音通信。我国规章中，AC-121-FS-2011-004R1《航空承运人运行中心(AOC)政策与标准》明确了运行控制陆空通信的时间标准是 4min，其主用的方式是语音通信。中国民航《航空公司运行控制卫星通信实施方案》要求我国航空公司机队于 2017 年底前应全部具备卫星通信能力。因此在 2017 年 9 月颁布的 CCAR-121-R5 中增加了对建立通信时间的明确规定。

(4)航路沿线有足够的经局方认可的气象服务系统可供使用，以保证提供运行所必需的气象实况报告和气象预报，尤其是确保能够获得可能影响所飞航路和所用机场飞行安全的危险天气现象，如晴空颠簸、雷暴和低空风切变等情况的实况报告和预报。

(5)航路具有足够的非目视地面导航设施，能在空中交通管制要求的精度之内，在整个航路上为飞机导航，并且能保证在该运行所必需的精度范围之内，引导飞机至任一正常使用机场、临时使用机场、加油机场或者备降机场。

(6)针对该运行区域，航空公司对于其所实施的运行拥有足够数量的飞行签派中心，并且这些飞行签派中心的位置和能力，能够确保对每次飞行进行恰当的运行控制。

(7)针对该运行区域，航空公司具有有能力的人员和充足的设施与设备(包括备件、地面保障和材料)，对于飞机和辅助设备可以随时提供恰当的服务、维修和预防性维修。

在满足上述所有条件后，局方可以批准该公司在这条航路上实施定期载客运行。

2. 补充运行的要求

如果实施补充运行，则有关区域的批准相对简单，降低了对设备资料等方面的要求。相比定期载客运行，补充运行的航路区域批准要求的主要差异有以下几个方面。

(1) 不需要每一条航路逐一申请审批，实施补充运行的航空公司对于国内运行，中国境内的空域按照一个运行区域批准；对于国际运行，所飞机场所在的每一国家(地区)按照一个运行区域批准。当实施补充运行的航空公司可以证明，对于运行的航路是安全的，并且局方能够确定空中交通密度有足够的安全水平，局方可以批准合格证持有人管制空域外的航路。除非高原机场(标高在 2560m 以上的机场)起降点的航路才需按照航路进行批准。

(2) 实施补充运行的航空公司不需要具备与空中飞行的机组建立通信联系的能力，只需要具有利用公共或者私人设施(如电话、电报或者无线电)获得通信的能力，目的是保证能够对每次飞行的始发机场和目的地机场的飞行进程进行适当的监控，包括对中途停留机场和改航备降机场飞行进程的监控，以及对在这些机场所需的维修或者机械延误进行适当的监控，确保机长能够得到安全飞行必需的所有资料。

(3) 实施补充运行的航空公司应当对每次飞行的运行控制持续负责，但是不需要建立飞行签派中心，只需要建立飞行跟踪系统。该系统能够为每架飞机的飞行机组和实施运行控制的人员提供每一次飞行的起始和安全运行所必需的信息，并且能够达到前述要求的监控能力。

思　考　题

1. 什么是运行控制？
2. 航空公司为什么要建立运行控制系统？
3. 安全性和经济性之间的关系是什么？
4. 负责运行合格审定的单位是哪些？
5. 制定 CCAR-121 部的目的是什么？
6. CCAR-91 部、CCAR-121 部和 CCAR-135 部的适用范围有什么不同？
7. 什么是补充运行？其涵盖的范围是什么？
8. 运行规范有哪些内容？
9. 什么是偏离？什么是豁免？
10. 定期载客运行和补充运行在运行区域批准上有何不同？

第2章　运 行 组 织

为了能够有效地实施运行控制，航空公司需要合理规划公司运行体系，完善公司运行控制的管理制度，指定运行控制的责任人，建设一支符合标准的高素质飞行签派员队伍，最终建设完成航空公司运行控制中心，实现对每一次飞行的起始、持续和终止都能有效地行使控制权。

2.1　航空公司运行控制体系

为落实民航规章和运行规范，实现航空公司安全运行，航空公司必须建立完整严密的运行体系，具体由运行管理、运行计划、运行控制和运行保障四大部分组成。

2.1.1　运行管理：制定规则

航空公司的运行管理体系由公司领导和公司的运行管理职能机关共同组成。在公司领导的带领下，公司的运行管理职能机关负责整个公司的日常运行的政策制定、业务管理并对公司的日常运行实施监督。公司的运行管理职能机关应该确保所编制和修订的公司手册、公司运行程序符合中国民用航空管理当局的规章并在公司的日常运行中贯彻落实。具体的运行管理体系各公司并不相同，国内某公司的运行管理体系如图 2.1 所示。

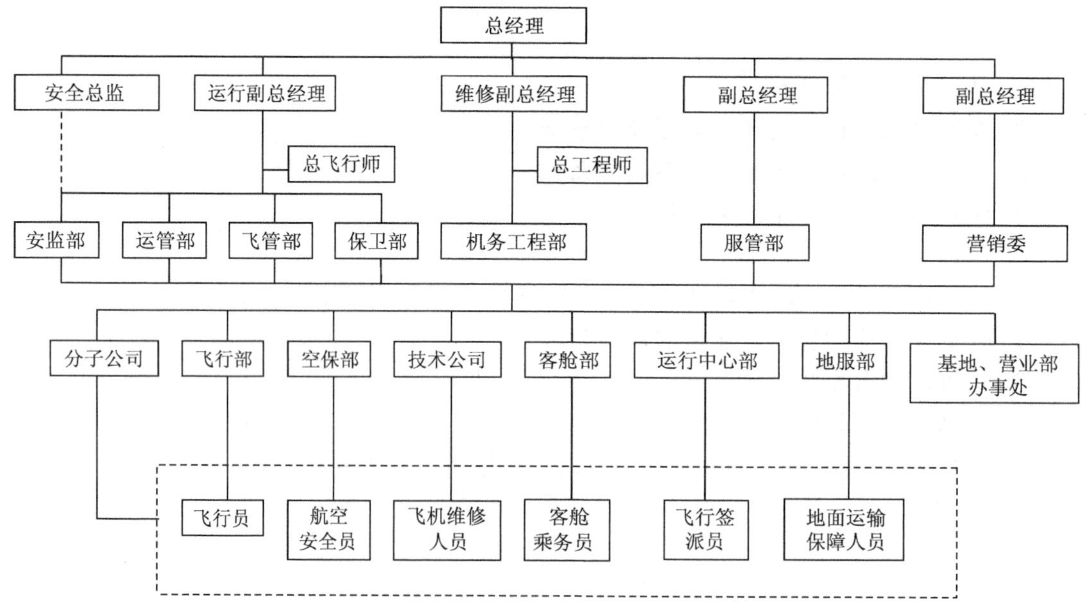

图 2.1　某公司的运行管理体系

依据 CCAR-121.43 条的规定，航空公司应当拥有能够有效控制和监督其整个运行的管理机构，并拥有足够的合格管理人员和技术人员，以保证在其运行中保持最高的安全水平。航空公司应当在下列职位或者同等职位上安排合格的专职人员，使运行能够达到规章要求。

(1) 安全总监，负责独立地对合格证持有人的运行安全管理过程进行监督，并直接向总经理报告；安全总监不应由其他专职人员兼任，应当掌握运行安全管理知识、质量管理知识、涉及民航管理的规章和标准及程序，理解合格证持有人的运行规范、运行手册及其他相关要求，具有较强的分析解决问题的能力和良好的沟通技能；最近 6 年内在合格证持有人或局方的安全监督岗位工作 3 年以上，或者持有三者（航线运输驾驶员执照、维修人员执照或飞行签派员执照）中任一专业执照并在相应岗位上工作 3 年以上；

(2) 运行副总经理，负责航空公司飞行运行的管理，必须持有航线运输驾驶员执照，并有相当的机长飞行经历和从事运行控制管理的经历；

(3) 维修副总经理，负责航空公司飞机维修管理，必须具有相当的维修或维修管理经历；

(4) 总飞行师，负责航空公司的飞行人员训练和技术管理，必须持有航线运输驾驶员执照，并有相当的机长飞行经历；

(5) 总工程师，负责航空公司的维修工程技术管理，必须具有维修工程技术管理经历。

对于某一项具体运行，如果合格证持有人能证明，由于所涉及的运行种类、所使用的飞机数量与型号和运行的区域等因素，使用较少的管理人员就能够完成规定的除安全总监以外其他职位的全部职责并能以同等安全水平完成运行，局方就可以认可其管理人员的配备。除经局方批准外，安全总监不允许由上述运行副总经理等其余职务的人员兼任。

2.1.2 运行计划：确定目标

公司的运行计划体系由公司领导、规划发展部、市场营销部、运行控制中心、工程技术公司、飞行部、客舱服务部等组成。运行计划可以分为三个层面，其中公司领导以及规划发展部处于第一层面，负责公司运行的战略性计划的制定及监督实施；公司的市场营销部根据市场营销情况、工程技术公司的维修计划、各国政府运输主管部门对公司提出的航权申请的批复情况来制定公司的中长期航班计划，处在运行计划体系的第二层面；运行控制中心的飞行签派部门根据市场营销部制定的中长期航班计划、机务维修部飞机维修工作的具体完成情况、飞行部及客舱服务部的机组人员安排情况以及航线、机场的设备保障、天气影响运行的实际限制情况来制定公司当天及第二天的实际运行计划，处在计划体系的战术层面，为运行计划体系的第三层面。

在第一层面，公司领导处于该层面的中心地位，规划发展部则处于协助地位；在第二层面，市场营销部处于中心地位，工程技术公司和运行控制中心航务支持部处于协助地位；在第三层面，运行控制中心的飞行签派处于核心地位，飞行部、客舱服务部和机务维修部则处于协助地位。公司的运行计划体系如图 2.2 所示。

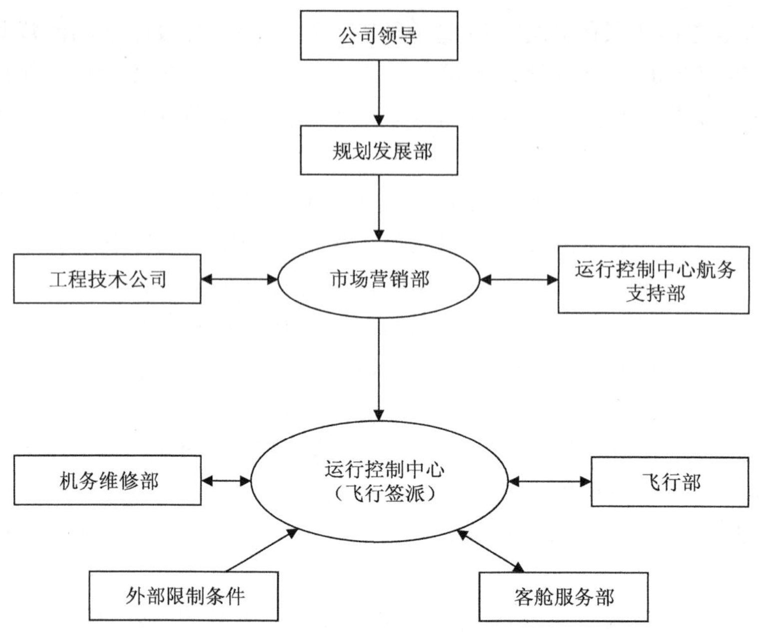

图 2.2　公司的运行计划体系

2.1.3　运行控制：提出策略

公司体系中的运行控制部分包括公司总经理、公司主管运行的运行副总经理、公司总值班、应急反应中心和运行控制中心以及维修控制中心、保障部、飞行部、客舱服务部和各分（子）公司的相应职能单位的调度部门。公司的运行控制体系如图 2.3 所示。

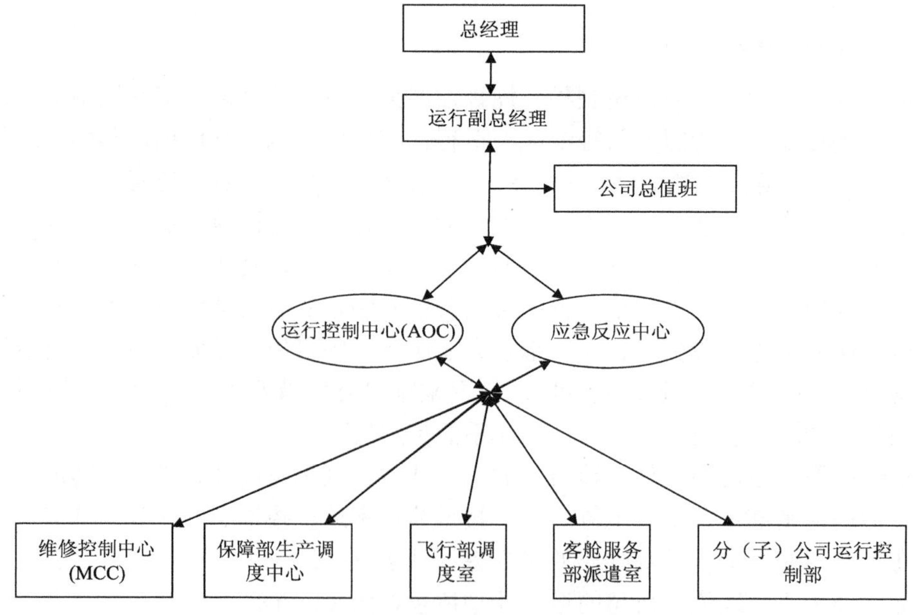

图 2.3　公司的运行控制体系

航空公司运行控制是对每次飞行全过程提出管控策略的环节，是运行体系的核心部分。前置环节是“运行计划”，遵守运行计划就是满足正点、高效和旅客服务的目标，具体任务是按照“运行管理”提出的政策、规则、约束，基于本次运行的实际环境，提出运行控制策略，最后交给后续环节“运行保障”，保障运行控制策略的圆满实现。

2.1.4 运行保障：落地实施

在公司总经理及主管运行的运行副总经理的领导下，公司建立以运行控制中心为核心统一指挥协调，飞行部、客舱服务部、飞机维修基地、客运部、保障部、综合管理部等分工协作配合的运行保障体系。通过公司办公室对外签订的地面代理协议、工程技术公司对外签订的地面机务维修协议、运行控制中心对外签订的外站航务服务代理协议将外站运行的代理保障单位纳入公司运行保障体系。公司的运行保障体系如图 2.4 所示。

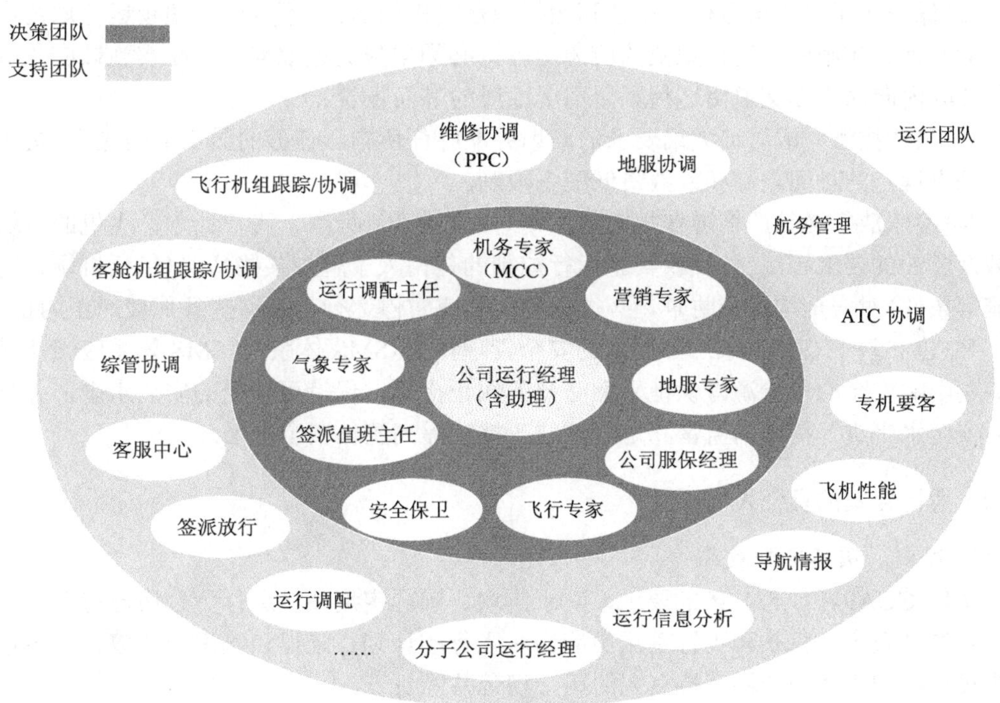

图 2.4 公司的运行保障体系

在日常运行保障工作中，由公司总值班代替公司主管运行的运行副总经理行使决策指挥权，对该运行保障体系在实施运行保障作业过程中正确履行职责，并将符合中国民用航空规章、公司政策和运行规范的要求向公司主管运行的运行副总经理汇报。

2.2 航空公司运行控制政策

2.2.1 运行控制安全政策

根据局方批准的运行合格证和运行规范，航空公司实施国内定期载客运行、国际定期载客运行和补充运行。航空公司的所有经营性飞行活动，必须遵守 CCAR-121 部及适用的其他中国民用航空法规、规章和《国际民用航空公约》及其附件的要求，必须按照航空公司《运行手册》所规定的方针、政策和程序执行。当航空公司的飞机在国外运行时，还应遵守所在国的法规、条例的规定。在航空公司规定更为严格并且不与该国有关规章相抵触的情况下，航空公司将首先执行 CCAR-121 部和公司的规定。航空公司的安全政策通常包括以下几方面。

(1) 实施以总经理为首的安全责任制，执行“安全第一，预防为主”的安全方针，确保航班正常并提供安全可靠的优质服务。

(2) 保证公司只实施运行合格证和运行规范授权的运行，不得进行超越运行规范许可范围的运行。实施偏离运行规范的应急运行，必须申报局方批准，并在实施该应急运行后的 24h 内向局方提交说明这种紧急情况性质的书面报告。

(3) 只能指派完成培训大纲要求的培训并能胜任所指派任务的员工上岗操作。员工应符合局方规定的时间限制和人数最低配备限制。

(4) 签派放行必须严格遵守规定的原则(如最低天气标准、飞行计划、飞机的适航、装载及燃油的要求等)。被授权实施运行控制的任何人了解到某些情况(包括机场、跑道设施等条件)对安全构成威胁时，必须立刻限制或暂停运行，到这些条件被纠正为止。

(5) 建立基于 CCAR-121 部要求的安全管理体系(SMS 体系)。SMS 体系应当能够及时识别影响安全的危险源，保证采取必要的纠正措施，保持可接受的安全水平，并且能够对安全水平进行持续的监督和定期评估，持续提高整体安全水平。

2.2.2 运行控制的责任人

1. 国内、国际定期载客

根据 CCAR-121.531 条的要求，对于国内、国际定期载客运行，合格证持有人应当对运行控制负责。机长和飞行签派员应当对飞行的计划、延迟和签派或者放行是否遵守中国民用航空规章和合格证持有人的运行规范共同负责。

合格证持有人应当为每次飞行编制签派单，机长和授权的飞行签派员认为该次飞行能安全进行时，才能在签派单上签字。飞行签派员和机长共同在签派放行单上完成签字，签派放行即生效。对于二次放行等比较特殊的情况，只需机长和飞行签派员共同对放行内容认可，并保存真实可查的记录即可。

当飞行签派员与机长对是否放行该次飞行意见不一致时，不可以放行。此时可以报当日公司运行控制中心值班经理，由其决定是否更换负责该航班放行的授权飞行签派员或者执行该次任务的机长。但在飞行签派员和机长一致同意放行前，任何人不得允许该飞机起飞。

2. 补充运行

根据CCAR-121.532条的要求，对于补充运行，合格证持有人应当对运行控制负责，并在手册中列出被授权实施运行控制的人员。机长和运行副总经理应当对飞行的放行、延续、改航和终止是否遵守中国民用航空规章和合格证持有人的运行规范共同负责。

在补充运行中，机长的职责和国内或国际定期载客运行的要求相同。而运行副总经理承担了类似定期载客运行中飞行签派员的责任，运行副总经理可以委托他人行使飞行放行、延续、改航和终止的职能，但不能委托运行控制的责任。事实上，在我国航空公司的补充运行中，运行副总经理作为公司高级领导，其有关运行控制的具体工作已经委托给公司运行控制部门的放行人员。虽然此类放行人员按照规章无须具备签派执照，但是公司通常要求其考取签派执照，以证明其工作能力(通常在机型签注、复训等方面放宽要求)。因此，在航空公司的工作要求中，此类放行人员对运行控制工作同样承担责任，具体职责和国内、国际定期载客运行中的飞行签派员相同，因此除非特殊说明，补充运行中的放行人员也往往统称为飞行签派员。

2.3 航空公司运行控制中心

航空公司建立运行控制系统的最终目标是建设一个设施完善、布局合理并拥有高素质工作人员的运行控制中心。同时建立一整套符合中国民用航空规章的、可操作性强的公司运行控制方面的制度，使公司的运行控制人员能够方便地、有章可循地实施科学的、有序的运行控制。

航空公司运行控制(Airline Operations Control, AOC)中心由航空公司有关人员、设备设施、规章和程序组成，它可以是一个独立的部门，也可以依据公司的规模由几个不同的部门组成，它是公司总经理的全天候运行授权的代表，是公司组织和实施飞行的指挥中心，是每时每刻协调、控制公司航班运行的职能部门，是集中、迅速处理不正常及紧急事件的决策和发布机构；它的有效工作程序、运行管理规则和信息处理方法，能保证及时有效地行使运行控制的职能。在具备良好的内部和外部通信的环境下，运行控制中心的各职能代表作为一个团队，共同工作，做出指挥航空公司日常飞行运行的最佳决策。

运行控制中心是航空公司的一个机构，它根据中国民用航空规章的规定和公司管理的一般目的与目标，遵循标准化的程序和手册，对公司日常计划的实施做出最有效的指挥决策。它是公司运行的决策核心，对整个公司的生产运行起组织、领导的作用，具有绝对的权威。运行控制中心的职责有如下几方面：

(1) 负责公司航班运行计划的制定；

(2) 负责公司航班生产运行的协调管理工作；

(3) 负责所有航班的签派放行和飞行监控；

(4) 负责飞机的各种性能计算；

(5) 负责航班的载重平衡计算及控制；

(6) 负责情报资料的提供和保障；

(7) 负责签派、航务、性能、情报和载重平衡人员的培训组织和实施工作；

(8) 负责公司相关的运行类手册的编写、修订和分发管理工作；

(9) 负责公司的专机任务、国防战备工作的组织和实施。

2.3.1 运行控制中心的主要部门

运行控制中心的职责由各下属部门分担，其主要的下属的业务部门有现场指挥部门、通信部门、航务情报部门、载重平衡部门、飞行签派部门、综合事务部门和国防动员办公室等。各部门的职责任务关系如图2.5所示。

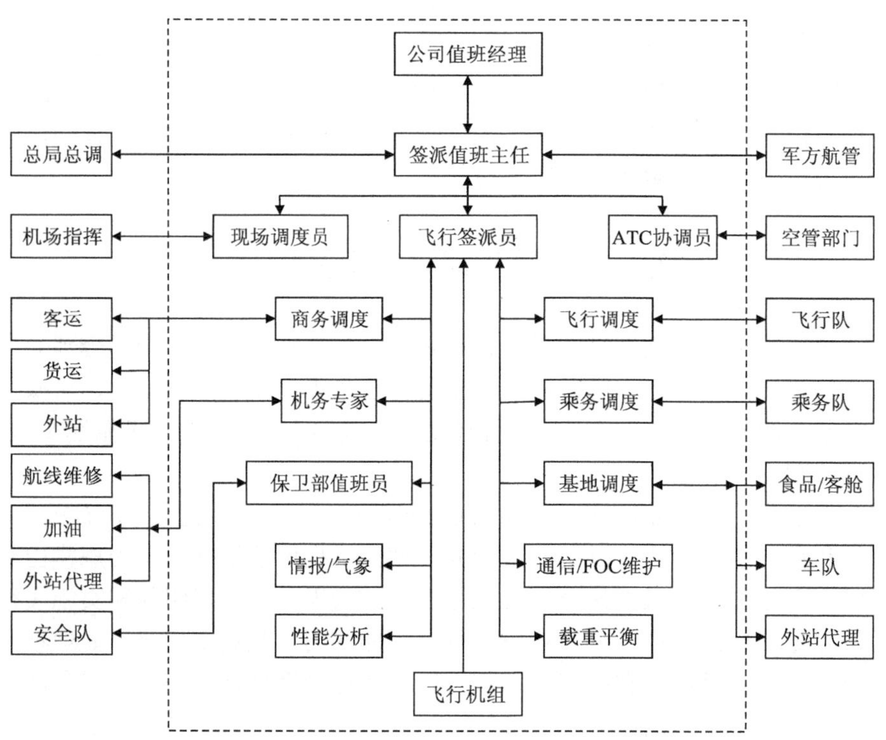

图2.5 运行控制中心各部门的职责任务关系

1. 飞行签派部门

飞行签派部门的职责如下：

(1) 负责制定公司每天的运行计划；

(2) 负责航班的签派放行和飞行监控；

(3) 负责保证公司运行尽量按计划进行，根据实际运行情况对公司航班运行进行合理化调整；

(4) 负责协调公司各职能部门的航班运行保障工作；

(5) 参与制定公司签派、航站运行的政策和规章；

(6) 在业务上负责公司签派人员的业务培训；

(7) 负责公司对外航务代理协议及委托上机服务协议的签订；

(8) 参与公司组织的开航考察和组织公司执行的专机在外地的保障工作。

2. 航务情报部门

航务情报部门的职责如下：

(1) 负责公司飞机的各种性能计算；

(2) 负责公司航班的航线选择及申请；

(3) 负责公司航班的航线性能和机场起降性能的分析；

(4) 参与制定公司的航务性能政策；

(5) 负责公司航行情报资料的管理；

(6) 负责公司有关航务资料的订购及分发；

(7) 负责向公司飞行员、签派员、航务人员提供所需的航行情报资料，保障飞行运行；

(8) 负责飞机导航数据库的管理工作；

(9) 负责飞行所需通信资料的管理及分发。

3. 现场指挥部门

现场指挥部门的职责如下：

(1) 负责公司的现场保障工作的协调、监督及指挥工作；

(2) 负责对公司各保障部门的保障工作进行考核；

(3) 参与公司现场协调工作标准、程序的制定；

(4) 负责制定公司的专机保障工作程序；

(5) 负责对专机及重要旅客信息的掌控，负责公司专机保障工作任务的下达及检查落实。

2.3.2 运行控制中心的人员职责

1. 运行控制中心总经理

运行控制中心总经理由公司领导层任命，其就公司日常运行的管理情况及公司通信系统的规划、建设和管理情况向主管运行的运行副总经理汇报。其主要职责和权限如下：

(1) 管理公司运行控制中心的日常运行；

(2) 及时、准确地向公司高层领导提供有关公司日常运行情况的总体报告；

(3) 向公司高层领导报告运行过程中发生的重大事件；

(4) 签发运行控制中心的各种规章制度、工作程序文件和报告；

(5) 根据工作任务需要，合理调配包括人力资源在内的各种可用资源；

(6) 协调运行控制中心和公司其他部门的职责和划定运行控制中心内部的职责分配。

2. 飞行签派部门经理

飞行签派部门经理是作为领导者负责领导和管理日常运作，统一协调飞行签派部门的各种资源，包括人力资源；协调飞行签派部门在有关工作、流程中的职责范围；考评飞行签派部门所属人员的工作业绩。其主要职责和权限如下：

(1) 指导飞行签派部门经理助理和运行控制中心值班经理的工作；

(2) 按照公司运行需要和领导指示，负责与公司其他部门的经理进行协调，调整工作分工；

(3)根据工作职责需要，合理调配部门内部资源；

(4)代表飞行签派部门出席公司的各种会议，主持飞行签派部门内部的各种重要会议；

(5)签发飞行签派部门的各种规章制度和工作程序。

3. 运行控制中心值班经理

运行控制中心值班经理是运行控制中心日常运行的最终决策权威，是公司高层领导的代表，被授权做出必要的现场运行决策，以确保公司的安全和成功运行。运行控制中心值班经理的主要职能是系统地高度监控公司的运行，早期预见各种运行干扰，并协调运行控制中心必要的人力资源使其对运行的影响最小化。对于大多数情况来说，正常运行的管理工作被分派给运行控制中心内部和外部支持部门的主管。运行控制中心值班经理的主要职责和权限如下：

(1)作为公司高层管理者的“全天候”代表对公司资源的使用进行监督和有效控制；

(2)对任何可能对旅客安全、航班准点或设备造成不良影响的情况做出预见和反应，并通知受影响的部门和总部的员工；

(3)对影响公司任何部门、设备、雇员和旅客的不正常运行或紧急情况进行处置和管理；

(4)对公司的日常运行进行管理，使运行控制中心的运行控制质量和效率最优化，同时，对所有运行控制中心员工的职务职责负责并主要直接与飞行签派员及运行协调员交互工作；

(5)向公司和部门领导提供运行简报，管理和协调公司的应急情况的反应和处置；

(6)审查飞行签派员发送的运行情况日报；

(7)做好运行控制中心的值班记录。

4. 飞行签派员

在实现飞行计划制作、机组报告和航班跟踪功能时，飞行签派员负责执行公司的每日运行计划。为完成此项职能，飞行签派员的一个角色是运行控制和运行支持。在这两种情况下，飞行签派员的目标是用最经济的方式安排航班计划和监控航班运行，以确保所有的安全和法律要求被满足。飞行签派员通常是运行控制团队的主要成员。飞行签派员的主要职责和权限如下：

(1)制定每日航班运行计划；

(2)制定飞行计划；

(3)综合飞机性能、气象信息、运行标准、适航信息等放行航班；

(4)监控每一个航班的执行情况，监控航路和终端区的各种运行条件；

(5)同机组交流运行变化以及任何可能影响航班运行安全的相关信息，当飞行签派员和机长一致认为航班无法按照计划安全运行时，应延迟或重新签派放行航班；

(6)向运行控制中心其他部门发布有关运行的信息。

5. 运行协调员

运行协调员实现了航班动态控制，是数据集成和运行控制中心内部各个小组之间通信联系的焦点。在运行控制中心值班经理的领导下，运行协调员承担核心决策支持小组的领导角色。核心决策支持小组成员包括维修控制区域的排故专家、机组跟踪和旅客服务工作人员等。运行协调员必须确保每个航班所需的资源在公布的航班时刻内可用以保证航班准点。他们也必须具有一定的技巧和权威，当某些资源缺失时，能制定一个可行的替代计划。另外，运行协调员必须先行规划公司的运行情况，以预见当天可能发生的任何运行问题和限制。运行协调员可以按照机型、运行类别、城市对或航线方位、运行地区或区域来划分他们的运行职责范围，其主要职责和权限如下：

(1) 监控、更新和发布动态控制系统信息；

(2) 航班不正常时，监督公司资源(飞机和机组)的使用；

(3) 在解决运行问题时指导和协调核心决策支持小组的工作；

(4) 监控并确保飞行运行时间信息、飞机排班信息的接收；

(5) 协调飞机排班调整；

(6) 发布延误、取消和航路备降的相关事宜。

2.4 飞行签派员的合格要求

飞行签派员和机长对飞行的安全运行共同负责。这种负责包括两个方面，①飞行签派员全面负责飞行的运行控制，保证所签派的飞机处于安全的飞行状态，符合中国民用航空局的规章和公司的有关规定，当飞行签派员判断某次飞行不能达到安全标准时，可以取消或推迟该次飞行，并要求其他有关部门配合；②在各个飞行阶段，飞行签派员是机组人员获取外界信息的重要来源，飞行签派员必须利用公司各方面资源，为机组人员提供安全飞行所需信息，协助飞行中的机组人员做出决策。

飞行签派员的工作责任重大，根据《中华人民共和国民用航空法》，飞行签派员属于航空人员，必须接受专门训练，经考核合格，取得国务院民用航空主管部门颁发的执照，方可担任工作。

2.4.1 CCAR-65部的要求

为规范中国民用航空飞行签派员执照管理，局方制定了CCAR-65部《民用航空飞行签派员执照和训练机构管理规则》，用于对民用航空飞行签派员执照的申请、颁发和管理。

依据CCAR-65部的要求，飞行签派员执照申请人应当具备以下基本条件：

(1) 年满21周岁；

(2) 身心健康，具有良好的职业道德和敬业精神；

(3) 具有国家承认的大学本科(含)以上学历；

(4) 能够正确听、说、读、写并且理解汉语；

(5) 达到经历和训练要求，执照申请人在执照理论考试前，应当在训练机构完成至少1000h的训练，并获得结业证书；

(6) 至少具备航空法律法规规章、运行控制基础理论、系统安全管理与运行风险管控、航空器、航空气象、航行情报、通信导航与监视、空中交通管理、紧急与非正常情况处置、签派实践应用等方面的知识和能力；

(7)通过规定的理论考试和实践考试。

飞行签派员执照申请人必须在申请执照考试前 6 个月内，在合格的飞行签派员监视下，在签派放行岗位上实习至少 90 天，同时还应当符合以下要求。

(1)完成至少 1000h 的课程训练。

(2)如果申请人在申请理论考试前，具有下列执照或者从业经历之一的，在训练机构完成至少 500h 的训练，并获得结业证书：

①持有附加仪表等级的商用驾驶员执照或者航线运输驾驶员执照；

②持有民用航空情报员执照；

③持有民用航空气象人员执照；

④持有民用航空空中交通管制员执照；

⑤在国家航空器运行中担任驾驶员至少 2 年。

飞行签派员执照申请人应当在获得训练合格证明之后完成理论考试和实践考试，理论考试成绩有效期为 36 个日历月。理论考试含有民用航空规章、航空气象、飞行运行、飞行性能、人为因素、航空设备、运行程序和专业英语等方面的知识，实践考试要求的技能包含：通过分析航空气象报告、图表和预测，做出飞机运行可以使用的天气分析；通过对航空器的性能图表和航图等资料的综合应用，制定准确的飞行计划；恶劣条件下实施放行和运行控制，并为飞行提供协助的知识和技能等。

2.4.2 CCAR-121 部的要求

飞行签派员执照是飞行签派员在公共运输和通用航空飞行中担任签派工作的基本资格证书。取得执照后的飞行签派员还必须接受航空公司的有关训练，只有达到 CCAR-121 部的合格标准后才能被授予签派放行权，并且在以后的每年中应当完成规定的训练，使自己在知识和技能上不断地保持训练大纲要求的标准。

1. *雇用飞行签派员的原因*

航空公司雇用飞行签派员的原因除了出于自身公司安全高效运行的主观需要外，还有 CCAR-121 部的法律要求。实施国内或者国际定期载客运行的航空公司，必须对于其所实施的运行拥有足够数量的飞行签派中心，这些飞行签派中心的位置和能力，能够确保对每次飞行进行恰当的运行控制，并且在每一飞行签派中心安排有足够数量的合格飞行签派员，以确保对每次飞行进行恰当的运行控制。对于国内、国际定期载客运行，航空公司应当对运行控制负责。机长和飞行签派员应当对飞行的计划、延迟和签派或者放行是否遵守中国民用航空规章和航空公司的运行规范共同负责。

值得注意的是，只有实施国内或者国际定期载客运行的航空公司才需要雇用飞行签派员。从事补充运行的航空公司可以委托他人行使飞行放行、延续、改航和终止的职能，机长和运行副总经理应当对飞行放行、延续、改航和终止是否遵守中国民用航空规章和航空公司的运行规范共同负责。

2. *飞行签派员的合格要求*

(1)在国内、国际定期载客运行中担任飞行签派员的人员，应当持有飞行签派员执照，并且按照批准的训练大纲，圆满完成相应飞机组类中的一个型别飞机的下列训练。

①飞行签派员初始训练，如果该飞行签派员已对同一组类的另一型别飞机接受了初始训练，则只需完成相应的转机型训练。

②运行熟悉，在驾驶舱观察按照 CCAR-121 部实施的运行至少 5h(含一次起飞和着陆)。对于驾驶舱没有观察员座位的飞机，可以在配备耳机或者喇叭的前排旅客座位上观察。此要求可以用额外增加一次起飞和着陆代替一个飞行小时的方法，将运行熟悉小时数减少至不低于 2.5h。

③对于新引进组类的飞机，在开始投入运行后 90 天之内，不满足运行熟悉要求的人仍可以担任飞行签派员。

(2) 飞行签派员所签派的飞机与原签派的同型别飞机存在差异时，应当接受该飞机的差异训练。

(3) 飞行签派员应当在前 12 个日历月内完成定期复训地面训练和资格检查。

(4) 飞行签派员应当在前 12 个日历月内，在其签派的每一组类飞机的一个型别飞机上，达到运行熟悉要求。对每一组类飞机，此要求可以使用批准的该组类一个型别的飞行模拟机，完成训练观察 5h 的方法来满足。但是如果使用飞行模拟机来满足要求，不得减少小时数。

(5) 航空公司在批准飞行签派员执行飞机签派任务前，应当确认该飞行签派员熟悉其行使签派管辖权的运行区间的所有运行程序。但是，经审定合格可以签派飞机通过其他某个运行区间的飞行签派员，在与经审定合格的对该运行区间行使签派管辖权的飞行签派员协调后，可以签派飞机通过其他某个运行区间。

3. 飞行签派员的训练要求

航空公司应当根据飞行签派员的具体任务，提供下列地面训练。

(1) 新雇员训练：航空公司新雇用的人员，或者已经雇用但没有在飞行签派员工作岗位上工作过的人员，在进入飞行签派员工作岗位之前需要进行的训练。新雇员训练包括基础理论教育和针对特定机型与岗位的训练。

(2) 初始训练：未曾在相同组类其他飞机的相同职务上经审定合格并服务过的飞行签派员需要进行的改飞机型训练。所谓飞机组类是指为方便机组成员和飞行签派员的训练管理，根据飞机动力装置的区别对飞机划分的种类。在 CCAR-121 部中，将飞机分为两个组类：组类Ⅰ，以螺旋桨驱动的飞机，包括以活塞式发动机为动力的飞机和以涡轮螺旋桨发动机为动力的飞机；组类Ⅱ，以喷气式发动机为动力的飞机。例如，刚考取飞行签派员执照，即将从事放行工作的新人；或原先有 B737 放行资格的飞行签派员，现在为能够去放行 MA60，需要做此种训练。

(3) 转机型训练：曾在相同组类不同型别飞机的相同职务上经审定合格并服务过的飞行签派员需要进行的改飞机型训练。例如，原先有 B737 放行资格的飞行签派员，现在为能够去放行 A320，需要做此种训练。

(4) 定期复训：已取得资格的飞行签派员，为了保持其资格和技术熟练水平，在规定的期限内按照规定的内容进行的训练。

(5) 重新获得资格训练：已在特定航空器型别和特定工作岗位上经审定合格，但因某种原因失去资格的飞行签派员，为恢复这一资格所应当进行的训练。例如，因为生病或转岗等，长时间没有从事放行工作的飞行签派员，再重新承担运行控制责任前需要接受此种训练。

(6) 差异训练：对于已在某一特定型别的飞机上经审定合格并服务过的飞行签派员，当局方认为其使用的同型别飞机与原服务过的飞机在性能、设备或者操作程序等方面存在差异，需要进行补充性训练时应当完成的训练。例如，原先有 B737-300 型飞机放行资格的飞行签派员，现在为能够去放行 B737-700 型飞机，需要做此种训练。

4. 飞行签派员的值勤要求

1) 值勤时间限制

航空公司应当规定飞行签派员日常的值勤时间。值勤时间应当从飞行签派员为签派飞机而了解气象情况和飞机运行情况的时刻开始，至所签派的每架飞机已完成飞行，或者已超出其管辖范围，或者由另一位经审定合格的飞行签派员接替其工作时为止。

除出现了超出航空公司控制能力的情形或者紧急情况之外，飞行签派员的值勤时间限制应当符合下列要求：

(1) 任何合格证持有人不得安排飞行签派员连续值勤超过 10h；

(2) 如果飞行签派员在连续 24h 内被安排值勤时间超过 10h，该合格证持有人应当在该飞行签派员值勤时间达到或者累计达到 10h 之前为他提供至少连续 8h 的休息时间；

(3) 合格证持有人应当在任意连续 7 个日历日内为飞行签派员安排一个至少连续 24h 的休息期，或者在任一日历月中被安排相当时间的休息期；

(4) 合格证持有人在经局方批准后，可以安排在境外工作的飞行签派员，在 24h 内连续工作超过 10h，但在每个 24h 期间内，应当安排该飞行签派员至少连续休息 8h。

2) 酒精及药品限制

飞行签派员作为担负安全敏感工作的人员，不得使用或者携带大麻、可卡因或鸦片等禁用药物，对于饮酒必须遵守以下要求。

(1) 飞行签派员呼出气体中所含酒精浓度达到或者超过 0.04g/210L，或者在酒精作用状态下，不得上岗或者继续留在岗位上担任安全敏感工作。任何合格证持有人，在明知该人员呼出气体中所含酒精浓度达到或者超过 0.04g/210L，或者在酒精作用状态下，不得允许其担任或者继续担任安全敏感工作。

(2) 飞行签派员在担任安全敏感工作过程中，不得饮用含酒精饮料。任何合格证持有人，在明知有关人员在担任安全敏感工作过程中饮用含酒精饮料时，不得允许该人员担任或者继续担任安全敏感工作。

(3) 飞行签派员在饮用含酒精饮料后 8h 之内，不得上岗值勤。任何合格证持有人在明知该人员在 8h 之内饮用过含酒精饮料时，不得允许该人员担任或者继续担任上述工作。

思考题

1. 航空公司的运行体系由哪四部分组成？各自的作用是什么？

2. 航空公司的安全政策是什么？
3. CCAR-121 部对定期载客运行和补充运行的运行控制要求有什么不同？
4. 签派放行中飞行签派员和飞行员的意见不一致时应当如何处理？
5. 航空公司运行控制中心包括哪些部门？主要职责是什么？
6. 签派值班经理、飞行签派员、运行协调员的工作职责是什么？
7. CCAR-65 部中对飞行签派员的合格要求是什么？
8. 航空公司为什么要雇用飞行签派员？
9. CCAR-121 部中对飞行签派员的合格要求是什么？
10. 什么是新雇员训练？什么是转机型训练？
11. 飞行签派员的值勤时间限制是什么？

第3章 运行计划

航空公司的运行离不开和航空生产活动相关的一系列生产计划，运行控制是以各类计划为基础来实施控制的。这些生产计划包括航班计划、飞机维护计划、飞机排班计划、机组排班计划、航班运营飞行计划等。这些计划的制定过程实质上就是对各种生产要素的优化配置过程，因此生产计划的质量与效率不仅关系到运输生产能否顺利进行，而且关系到运输生产的收益和成本，直接影响航空公司的市场竞争能力。企业的规模越大，航空运输业的市场化程度越高，生产计划工作的重要性就越突出。

航班计划是规定航空运输正班飞行的航线、机型、班次和班期、时刻的计划。航班运营飞行计划是在航班计划的基础上，综合当前飞机、机组、旅客、运行条件和非正班飞行任务等制定的实际执行的飞行计划。可以看出，航班计划是航空公司一切生产活动的基础和核心，航班运营飞行计划是建立在航班计划的基础上，是实施运行控制的基准。运行控制中心的工作就是要高效运用公司资源，协调运行保障部门，制定能够满足正班和非正班任务的航班运营飞行计划，并保障其顺利执行。航空公司生产计划关系图如图 3.1 所示。

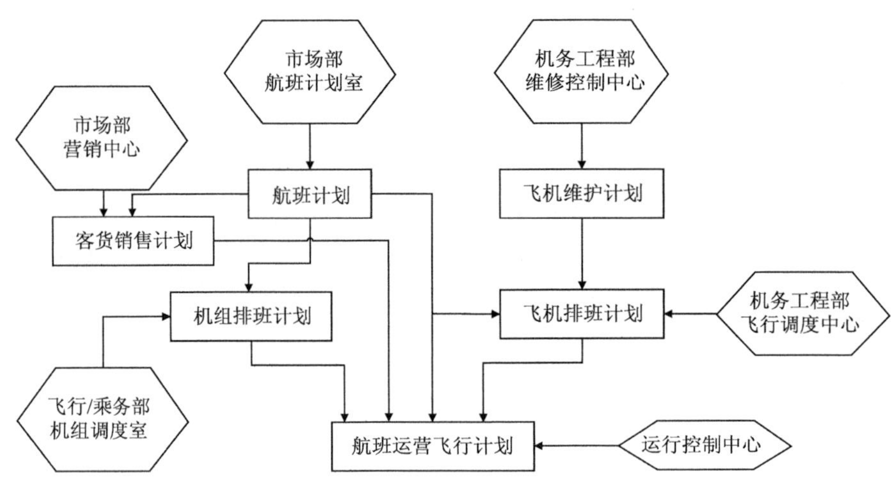

图 3.1 航空公司生产计划关系图

3.1 航班计划概念

航班计划是航空公司长远发展的战略决策，是航空公司经营规划的核心，是航空公司满足社会需要和实现企业自我发展的手段，是航空公司的立命之本。航空公司通过科学、严格地及时编排航班计划来组织本企业内部的生产，它对保证飞行安全、改善服务工作、争取飞行正常、提高航空公司的利用率和载运率，以及提高经济效益、完成运输生产任务有着重要的意义。航空公司对外公布的班期时刻表是旅客行动的依据，也是全社会各部门安排工作计划的根本。

3.1.1 航班计划的作用

航班计划是对计划内开辟和撤销某航线及在此航线上运力投入规模所做出的系统安排，是航空运输市场研究的结果，是航空公司经营的准则。

航班计划在航空公司的经营管理中有以下三方面的作用。

(1) 航班计划是航空公司经营规划工作的核心。航空运输市场研究的结果是发现和提供航空公司发展的机会。是否利用这些机会、在多大程度上利用以及在什么时间内利用，则是航班计划工作中最主要的问题。如果一个航空公司没有准确和完善的航班计划，航空公司的经营管理就是一句空话，因此航班计划是全部经营规划的核心。

(2) 航班计划是航空公司的战略决策。如果制定不当，企业就会亏损，从而使企业处于不稳定状态，影响经济效益，也就丧失了盈利的机会，因此说航班计划不是一个短期的战术性安排，而是事关企业长期发展的战略决策，必须慎重对待。

(3) 航班计划是提高航空公司经济效益的关键。航班计划的编制，一方面要根据航空市场的需求，另一方面要根据企业已有和将有的能力。编制航班计划的目的在于使企业的生产得到充分发挥，并提高经济效益。对于民航运输企业来说，效益实现于生产的过程，但却开始于计划的过程。如果没有把握准市场机会，企业经济效益的提高就会成为泡影，因此追求经济效益，应从编制航班计划抓起。

3.1.2 航班计划的要素

航空运输生产飞行包括正班飞行、加班飞行、专机飞行、包机飞行和其他飞行五种类型。其中，正班飞行是一种最主要的运输飞行，它每年完成的任务量占全部运输飞行任务量的90%以上。航班计划的制定是确定正班飞行的航线、机型、班次、班期、航班号和航班时刻等。因此航班计划的要素是指航线、班次、班期、航班号和航班时刻。

(1) 国内航线：指运输的始发地、经停地和目的地均在国内的航线。

(2) 国际航线：指运输的始发地、经停地和目的地中至少有一条处于国外的航线。

(3) 航线：指具有一定商业载量的航空器在两个以上地点从事定期运输服务而形成的运输线。

(4) 定期载客运行：指航空承运人或者航空运营人以取酬或者出租为目的，通过本人或者其代理人以广告或者其他形式提前向公众公布的，包括起飞地点、起飞时间、到达地点和到达时间在内的任何载客运行。

(5) 航班：指公共航空运输企业按规定的航线、日期、时刻经营的定期飞行活动。

(6) 正班：指公共航空运输企业按规定的航线、班期、时刻经营的定期飞行活动，又称班期飞行，是各航空公司经营的主要形式。

(7) 加班：指公共航空运输企业为满足市场需求，在被批准运营的定期航线上已确定的航班数目以外临时增加的航班。

(8) 包机：指根据公共航空运输企业按照与包机人所签订的包机合同而进行的点与点之间的不定期飞行，包括普通包机飞行、专机飞行、急救包机飞行、旅游包机飞行等。

(9) 临时经营航班：指公共航空运输企业因特殊原因不能安排正班运营，申请的短期航班。

(10) 撤轮挡时刻：指上完客，关闭舱门后，飞机启动发动机之前，移去轮挡的瞬间。它是计算飞机本身使用寿命及飞机日利用率的一个重要标志。

(11) 滑行时间：指从撤轮挡起到进入起飞跑道，或从退出跑道到停机位置挡轮挡止的时间。

(12) 飞行时间：指飞机从撤轮挡起到挡轮挡止的时间。它是空中时间与滑行时间之和。

(13) 航季：航班计划分为夏秋航季或冬春航季，夏秋航季是指当年三月份最后一个星期日至十月份最后一个星期六；冬春航季是指当年十月份最后一个星期日至翌年三月份最后一个星期六。

(14) 航班时刻：指航班时刻表中公布的每个航班的出发时刻和到达时刻，是每个航班的计划关舱门时刻和开舱门时刻。

(15) 班次：航空公司在某条航线上每天飞几个航班，它表示航空公司在各条航线上的运力投放情况。例如，南方航空公司星期二在成都至北京航线有 5 个航班，即班次为 5。

(16) 班期：指该航班每周具体的执行日期。例如，国际航空公司成都至北京的航班 CZ4109 的班期为 1、2、3、5、7，意思是该航班每周一、周二、周三、周五、周日执行。

3.2 航线经营许可

航线经营许可及航班管理的目的是合理、有效地分配和调控民用航空航线资源，维护国内民用航空运输市场秩序，促进航空运输持续、快速、协调、健康地发展。

3.2.1 航线选择考虑的因素

各航空公司在制定航班计划时应充分考虑到航空市场的需求，包括客货源流量流向、机组配套、航空器、机场条件及地面保障设施、空中交通管制、通信导航、气象条件、油料供应等因素。航空公司应对其进行科学的分析，使其在航班计划中发挥效用。在航班计划中，航线的选择是最主要的环节。开辟一个新的航线市场，或进入一个新的航线市场，要看是否具备如下的必要条件。

(1) 经济和政治上的稳定。这种稳定表现在有长期经营的可能性，经济上的增长刺激了航线市场的需求，政治上的稳定是航线稳定的依据。

(2) 有比较充足的客货运量，并有较好的前景。如果对该航线市场的调查和预测表明，该航线市场的客货运量现状和发展趋势较好，便可考虑进入该市场。

(3) 有适宜的机场和航路。机场和航路是航空公司进行运输生产的客观条件，机场和航路的状况将直接影响航空运输生产的进行和航路的经济效益。选择航线应从以下三个方面考虑。

①从使用和安全的角度看，机场和航路是否符合一定的标准和要求，包括机场所允许的最大起飞重量、最大着陆重量、跑道长度、气象条件、净空条件、导航条件、航路的最低安全高度和高度层的配备。例如，如果在高原航线上使用 B737 机型，当夏季温度升高时，飞机本身性能限制减载起飞，严重影响飞行安全。

②从经济角度看，飞机和航路的条件对航班正常性与成本的影响程度。例如，一方面，机场和航路上大雾、雷雨、台风、风暴天气出现频繁，使航班不能正常起飞，正常性差，社会效益不好，从而影响了经济效益；或备降、改航、绕航、延误造成的成本增加，也会影响经济效益。另一方面，虽然该航线上运量很大，但地面的机场很小，限制了机型或运力的投入，或航路上的许多限制区、禁区等客观原因也会影响企业效益。因此，对于新开的机场、航路的气象、地理和使用条件等数据要有充分的了解，并做出准确的判断。

③从航线的长短和备降机场的分布上考虑。当航线较长时，由于飞机本身载重的限制，将迫使企业选择合适的经停点。经停点选择得好，可以充分发挥飞机的性能，使业务载量达到最优。备降机场的分布和选择在很大程度上直接影响飞机的载油量，如果备降机场与目的地机场的距离较近，则航行备用油量较少。

(4) 具备适宜的机型。飞机是航空公司进行运输生产的主观条件，是民航运输企业满足社会需求、实现企业目标的工具，其运力的状况对航线的选择具有决定意义。由于飞机的技术性能是一定的，因此它的使用范围也是一定的，因此，既要使航线适应飞机——根据机型选择适宜的航线，又要使飞机适应航线——根据航线选择适宜的飞机。在航线选择中，要根据已有的运力或将要增加的运力，确定所选航线是否适合。

(5) 与本企业已有的航线有协同作用。新航线的开辟不仅要有利于该航线本身，而且要有利于本公司整个航线网络的改善，使各航线间能相互输送运量，并使公司的总体收益有所提高。切忌以新航线挤旧航线，除非准备撤销那条旧航线。

(6) 国际航线要有利于进入市场。国际航线的选择更要充分准备并进行经济调查和可行性分析。

(7) 已经获得或可能获得该航线的经营权。企业要开辟或进入某一航线市场，必须准备充足的资源和方案作为申请航线权的理由，并接受管理部门的审查。

一个航空公司不可能只有一架飞机，飞一条航线，而是有多架飞机飞若干条航线。这就要求在编制航班计划时，在研究单条航线的基础上，对整个航线网络做全盘考虑，寻求总体最优化。因此，应考虑以下方面。

(1) 各航线间要有扩大运量的促进关系，而不是彼此削弱，造成自己航线间的竞争。

(2) 各航线间要有利于对外竞争的支持关系。航线的多样化，以及不同航线间相互的服务和衔接是竞争的有力手段，所以彼此服务的航线、航班、时刻的安排会大大增加每个航班对旅客的吸引力。

(3) 各航线间彼此的运力合理分配。根据不同的季节，合理调整各航线上的运力投入，使企业的经济效益最佳。在供大于求的情况下，要充分提高飞机的利用率，降低航线成本；在供小于求的情况下，要合理调配，使飞机用于效益高的航线。

(4) 航线结构要具有分散风险的功能。航线太少，航班过于集中在少数盈利大的航线上，从短期收益看是正确的，但有一定风险。一旦由于政治、经济、军事等造成需求下降或无法正常运营时，企业将没有回旋的余地。一家航空企业，应不惜牺牲一些眼前收益来建立一个风险较小的航线网，腾出部分运力建立新的航线，使企业有一定的回旋余地。

(5) 合理选择航线结构的形式。航线结构有两种形式：一种是将一个个城市用直线连接起来的直接式结构，又称为城市对(City to City)或城市串结构。这种线性结构需要的资本少，运营方式灵活，对集中运行控制要求不高，适用于小规模的航空公司在局部区域内的组织运营，但不利于发挥规模优势，载运不稳定。另一种是中枢轮辐式结构，即将许多中小城市的客货运到一个中心枢纽站，并在那里衔接飞往最终目的地的航班。航空公司具体选择何种航线结构，与其自身定位和基地发展规划密切相关。例如，东方航空公司有着众多的分公司和基地，建立国内城市对航线结构有利于获得政府补贴，同时避开拥挤繁忙的枢纽机场；南方航空公司将广州建设成为澳大利亚航线的中枢，这样便于使用 A320 等中短程飞机把全国各地的旅客带到广州，再集中转乘 B777 等远程飞机飞往澳大利亚。

3.2.2 航线经营许可的获取程序

在开辟新航线前必须做好对新航线的评估工作，包括航线的经济效益可行性分析、机场的保障能力可行性分析、航路优选、飞机在拟定航线上的适航性分析及机场性能分析等工作。

新机场考察任务完成后，航空公司应当再次核对分析结果，然后向民航地区管理局提交开辟新航线的申请报告，内容包括使用机型及飞机类别、具体航线走向、航线飞行高度、预计开航日期、航班起降时刻、备降机场。当开辟新航线的申请获得局方批准后，由公司向局方递交修改公司《运行规范》和相关运行手册的申请。

民航局负责对区际航线实施经营许可的核准和登记管理，并对全国国内航线经营进行监督和管理。民航地区管理局负责对其辖区内的航线和机场始发的区际航线，实施经营许可的核准和登记管理，并对涉及其辖区内所有航线的经营进行监督和管理。

民航局和民航地区管理局根据公共航空运输企业经营国内客货航线的申请，分别采取核准和登记方式管理航线经营许可。

公共航空运输企业申请的下列航线经营许可适用核准管理的方式。

(1) 涉及民航局核定的受综合保障能力及高峰小时飞机起降架次流量限制的机场的航线。

(2) 涉及繁忙机场的航线和飞行流量大的航线。

(3) 涉及在飞行安全方面有特殊要求的机场的航线。

公共航空运输企业申请的下列航线经营许可适用登记管理的方式。

(1) 核准管理所列范围以外的航线。

(2) 国内货运航线。

(3) 民航局或民航地区管理局划定的其他航线。

其中，机场及航线的范围由民航局确定。航线经营许可核准时考虑的因素包括：在航空安全、航班正常、服务质量、诚实信用方面的业绩；每航季安排定期航班的执行情况；有流量限制航线上的准入架次数量；基地机场的始发优先权等。

航空公司在获得民航局颁发的航线经营许可证后，还需要获得机场当局的机场使用许可。

航空公司在向民航局申请航班计划之前，应对着陆机场进行可行性分析，并签订机场地面服务代理协议、不正常航班服务代理协议、航务服务代理协议、航油供应协议、地面机务维修协议等。当民航局批准航班计划后即获得了该航线相关机场使用许可。

对于军民合用机场，航空公司在预计使用前应当向机场所属战区军种参谋部提出申请。申请内容包括拟使用机场名称、飞行航线、航班号、班期和机型。当得到许可并签订使用军民合用机场协议后，公司即获得了该军民合用机场使用许可。

公共航空运输企业通过核准或登记获得航线经营许可时，应确定初始航班安排(包括执行日期、使用机型和班次)。公共航空运输企业通过核准或登记获得的航线经营许可，应在取得相应航班时刻且航班执行计划经民航地区管理局批复后，方可运营。公共航空运输企业应当以适当方式向社会公布航班执行计划并坚持诚实守信的原则，按所取得的航线经营许可和公布的航班计划执行。

公共航空运输企业在获得航线经营许可的航线上增加或调整航班，包括申请加班、包机及临时经营航班，应在航班计划执行前，向局方提交具体执行计划申请(含航班号、机型、航线、班期、时刻及执行日期等)，并附相关机场航班起降时刻批复。

除非在航空市场出现运力重大混乱，或机场保障能力不能满足实际需求以及国家对相关空域另有使用要求的紧急情况下，否则民航局或民航地区管理局不会限制公共航空运输企业提出的加班要求，因此当获得航线经营许可后能否临时调增航班量，关键在于能否获得机场的航班起降时刻批复，而这就与机场及空域容量密切相关。

3.3 航班正常性管理

3.3.1 管理要求

航班正常是优质服务的重要标志，航班正常与否将直接影响到公司的形象和信誉。保证航班正常是涉及各保障部门、各个环节的系统工程。为不断提高公司航班正常率，各保障部门都应建立健全的航班正常目标责任制，做到每个航班、每个环节、每项保障工作责任到人。运行控制中心负责对各保障部门的保障工作进行综合考核，并负责航班正常统计工作，以此确保安全、正常运行。

航空公司应当按照获得的航班时刻运营航班，应当提高航空器及运行人员的运行能力，充分利用仪表着陆系统或者等效的精密进近和着陆引导系统，积极开展相关新技术的应用，保障航班安全、正常运行。航空公司应当合理安排运力和调配机组，减少自身原因导致的航班延误。

机场应当加强对设施设备的检查和维护，保障航站楼、飞行区的设施设备运行正常，减少因设施设备故障导致的航班延误；应当与空管部门加强协同，研究优化机坪运行管理，提高地面运行效率，并对所有进出港航班运行进行有效监控；应当按照相关规定安装、使用仪表着陆系统或者等效的精密进近和着陆引导系统，积极开展相关新技术的应用，保障航班安全、正常运行。

空管部门应当依据职责严格执行空管运行工作程序和标准，加快空中流量，保证航班正常；应当依据职责积极推动新技术应用，提高运行保障能力，保证航班正常；应当加强天气监测和预报能力建设，提供准确的航空气象服务。

其他地面服务、航油供应、机务保障、信息管理等单位应当配备足够数量的设备和人员，做好航油供应、航材保障和信息服务等工作，减少因自身原因导致航班不正常。

民航航班正常统计指标主要包括航班正常率、始发航班起飞正常率、机场放行正常率。货邮航班不列入统计。民航航班正常统计以自然月为周期，每月 1 日 00:00(北京时)起至当月最后一日 24:00 止，每日统计从当日 00:00 起至当日 24:00 止。跨日航班按计划离港时间所在日期统计。航空公司提前一日取消的次日航班、次日补班计划和当日提前 6h(含)取消的航班，不列入航班正常统计范围。

(1)航段班次：航班每一次起降为一个航段班次。航班正常统计以航段班次为统计单位。

(2)计划离港时间：航班时刻管理部门批准的离港时间。

(3)实际离港时间：机组得到空管部门推出或开车许可后，地面机务人员实施撤去航空器最后一个轮挡这一动作的时间。

(4)计划到港时间：航班时刻管理部门批准的到港时间。

(5)实际到港时间：飞机在机位停稳后，机务人员实施挡上航空器第一个轮挡这个动作的时间。

(6)实际起飞时间：机组得到空管起飞许可，在跑道上松刹车开始滑跑的时刻。实际统计中以空管部门拍发的航班起飞电报报告的时间为准。

(7)实际落地时间：降落飞机在跑道上接地的时刻。实际统计中以空管部门拍发的航班落地电报报告的时间为准。

(8)机场放行班次：每一个航班离港起飞为一个放行班次。机场放行统计以放行班次为统计单位。

(9)实际滑行时间：分为滑出时间和滑入时间。滑出时间指航班从实际离港至实际起飞之间的时间；滑入时间指航班从实际落地至实际到港之间的时间。航班滑行时间以分钟(min)为单位。

(10)过站时间：飞机开机门至飞机关机门之间的时间。为了保证航班过站保障运行的服务质量，局方规定了最少过站时间，即通常情况下足够完成航班过站服务保障需要的最少时间，如表 3.1 所示。

(11)计划过站时间：前段航班到达本站计划到港时间至本段航班计划离港时间之间的时段。

(12)实际过站时间：前段航班到达本站实际到港时间至本段航班实际离港时间之间的时段。航空公司安排航班计划时，不得少于最少过站时间，但是在实际运行中如果确实已经完成过站保障任务，实际过站时间可以小于计划的航班过站时间。

表 3.1　不同机型不同机场的最少过站时间　(单位：min)

座位数	代表机型	机场			
		旅客吞吐量 3000 万人次(含)以上机场	旅客吞吐量2000万人次(含)至3000万人次(不含)机场	旅客吞吐量 1000 万人次(含)至 2000 万人次(不含)机场	其他国内机场
60 座以下	MA60、EMB145、ATR72、CRJ200 等	45	40	30	30
61～150 座	ARJ21、CRJ700、E190、A319、B737-700（含）以下等	55	50	45	40
151～250 座	C919、B757、B767、A320、A321、B737-700 以上等	65	60	50	45
251～500 座	MD11、B747、B777、B787、A330、A340、A350 等	75	70	70	65
500 座以上	A380 等	120	110	110	110

(13)始发航班：同一注册号飞机，计划离港时间在当日 06:00(含)以后，实际执行的第一段离港航班。

(14)标准机场地面滑出时间：民航局规定的航班在该机场从撤轮挡到起飞的最大时间。全国机场地面滑出时间统计标准如表 3.2 所示。

表 3.2　全国机场地面滑出时间统计标准

机场名称	地面滑出时间标准
北京首都、北京大兴、上海浦东、上海虹桥、广州白云、成都双流、深圳宝安、昆明长水、西安咸阳、重庆江北、杭州萧山及境外机场	30min
南京禄口、厦门高崎、乌鲁木齐地窝堡、长沙黄花、武汉天河、郑州新郑、青岛胶东、天津滨海、海口美兰、三亚凤凰、哈尔滨太平、贵阳龙洞堡、大连周水子、沈阳桃仙、成都天府	25min
济南遥墙、福州长乐、南宁吴圩、兰州中川、太原武宿、长春龙嘉、南昌昌北、呼和浩特白塔、温州龙湾、石家庄正定、宁波栎社、珠海金湾、合肥新桥、银川河东和烟台蓬莱	20min
其他国内机场	15min

注：根据机场繁忙程度不同，规定的标准机场滑出时间为 15～30min。

3.3.2　统计标准

1. 航班正常统计

(1)正常航班：符合下列条件之一的航班即判定为正常航班。

①在计划离港时间后规定的机场地面滑出时间(见表 3.2，下同)之内起飞，且不发生返航、备降等不正常情况。

②不晚于计划到港时间后 10min 落地。

(2)不正常航班：凡有下列情况之一，则该航班判定为不正常。

①不符合正常航班全部条件的航班。

②当日 6h(不含)以内取消的航班。

③未经批准，航空公司自行变更预先飞行计划的航班。

注：实际统计中实际到港时间以航班入位后机组收起停留刹车时航空器自动拍发ACARS 电报(或民航局认可的其他方式)报告的时间为准。当航班备降时，如果备降机场与计划目的地机场属同一城市，且实际到港时间较计划到港时间在规定范围内，那么判定为正常航班。

(3)航班正常率：反映航班运行效率的指标，即正常航段班次与计划航段班次之比，用百分比表示。

航班正常率的计算公式：航班正常率=正常航段班次/计划航段班次×100%。

(4)航班延误时间：反映航班延误程度的指标，航班延误时间等于实际起飞时间晚于计划离港时间与机场地面滑行时间之和的时间。航班延误时间以分钟为单位。

航班延误时间的计算公式：航班延误时间=实际起飞时间–(计划离港时间+机场地面滑行时间)。

当发生返航、备降、取消等不正常情况时，航班延误时间不作统计。

举例：

国内航班 XX0001，起飞南京禄口机场，落地北京首都机场，计划离港时间 10:00，计划到港时间 12:00。

(1)实际起飞时间 10:10，实际落地时间 12:20，未发生返航备降。

解释：南京禄口机场地面滑行时间标准为 25min，因此实际起飞时间在计划离港时间后规定的机场地面滑行时间之内，而且未发生返航备降，判定为正常航班。

(2)实际起飞时间 10:30，实际落地时间 12:05，未发生返航备降。

解释：实际落地时间不晚于计划到港时间后 10min，而且未发生返航备降，判定为正常航班。

(3)实际起飞时间 10:30，实际落地时间 12:20，未发生返航备降。

解释：南京禄口机场地面滑行时间标准为 25min，因此实际起飞时间在计划离港时间后规定的机场地面滑行时间之外，实际落地时间晚于计划到港时间后 10min，判定为不正常航班。

(4)实际起飞时间 10:10，实际落地时间 11:50，由于天气原因备降天津滨海机场。

解释：发生返航备降，判定为不正常航班。

(5)实际起飞时间 10:10，实际落地时间 12:10，由于天气原因备降北京大兴机场。

解释：虽然发生返航备降，但是备降机场与计划目的地机场属同一城市(均为北京)，且实际到港时间较计划到港时间在规定范围内，判定为正常航班。

2. 始发航班起飞正常统计

(1)始发航班起飞正常：若始发航班在计划离港时间后规定的机场地面滑行时间之内起飞，则该始发航班正常。

(2)始发航班起飞不正常：若有下列情况之一，则该始发航班判定为起飞不正常。

①不符合正常始发航班条件的航班。

②未经批准，航空公司自行变更航班计划的航班。

注：始发航班起飞正常仅考虑航班是否在规定的时间内起飞，如果在规定的时间起

飞后发生返航、备降，那么该航班仍判定为起飞正常。

(3)始发航班起飞正常率：反映始发航班在起飞机场运行效率的指标，即始发航班起飞正常架次与始发航班架次之比，用百分比表示。

始发航班起飞正常率的计算公式：始发航班起飞正常率=始发航班起飞正常架次/始发航班架次×100%。

3. 机场航班正常统计指标

(1)放行正常：符合下列条件之一的航班即为放行正常。

① 始发航班或当前段航班实际开舱门时间早于计划到港时间，本段航班在计划离港时间后规定的机场地面滑行时间之内起飞，则该航班放行正常。

放行正常的计算公式：实际起飞时间≤本段计划起飞时间+标准滑行时间。

② 当本段航班在计划过站时间内完成地面服务保障工作，并在规定的机场地面滑行时间内起飞，则该航班放行正常。

放行正常的计算公式：实际起飞时间-(实际到达时间+10min)-标准滑行≤本段计划起飞时间-前段计划到达时间。

注：受当前统计手段的影响，局方在统计放行正常率的时候，所使用的前段实际开舱门时间约等于前段实际落地时间加上10min。

举例：

南京禄口机场，机型A320，前段进港航班XX0001(深圳-南京)，计划离港时间08:00，计划到港时间10:00；后段出港航班XX0002(南京-天津)，计划离港时间11:00，计划到港时间12:00。

(1)XX0001开舱门时间09:55，XX0002实际起飞时间10:20。

解释：前段航班实际开舱门时间早于计达时间，南京禄口机场滑行时间标准为25min，本段航班在计划离港时间后规定的机场地面滑行时间之内起飞，则该航班判定为机场放行正常。

(2)XX0001实际到达时间10:45，开舱门时间10:55，XX0002实际起飞时间12:20。

解释：前段航班实际开舱门时间晚于计达时间，南京禄口机场滑行时间标准为25min，实际起飞时间-(实际到达时间+10min)-标准滑行25min≤本段计划起飞时间-前段计划到达时间，则该航班判定为机场放行正常。

(2)机场放行正常率：反映航班在机场过站时，各单位综合保障能力的指标。机场放行正常率等于机场放行正常班次与机场放行总班次之比，用百分比表示。

机场放行正常率的计算公式：机场放行正常率=机场放行正常班次/机场放行总班次×100%。

3.3.3 不正常原因

航空公司和空管部门为航班统计原始资料收集、填报和航班不正常原因界定的责任主体，机场和其他相关保障单位辅助完成。民航地区管理局负责监督检查，当不同单位对不正常原因存在意见分歧时，由民航地区管理局负责进行裁定。

不正常航班在计划离港时间之前关好舱门的，其不正常原因以离港机场的空管部门为主界定；在计划离港时间之后关好舱门的，其不正常原因以航空公司为主界定。航班不正常原因采取“一通到底”的原则进行判定，即一架飞机执行多段任务，当出现首次不正常并导致后续航段全部不正常时，后续原因按第一次不正常时的原因填写。如果后续某航段转为正常，但其后续航段又再次不正常，则后续不正常原因按正常航段后发生的首次不正常的原因填写。

航空公司的航班正常性的统计部门是运行控制中心，由其按照航班正常标准，根据计划起降时刻和实际起降时刻进行统计，并由其根据机坪运行控制部门和代理单位报告对不正常航班的延误、取消原因进行记录和统计。航班正常性的考核方法是依据航班出港作业进程图，如图 3.2 所示。按照航班计划时刻倒计时方法，规定各部门、各工种进入和完成飞行直接准备工作的时限。凡未按航班出港作业进程图进行作业并未能在规定时限内完成任务的，视作航班延误责任单位。由于上道工序未按时完成(或到位)而影响到下道工序延误航班的，由上道工序承担延误责任。

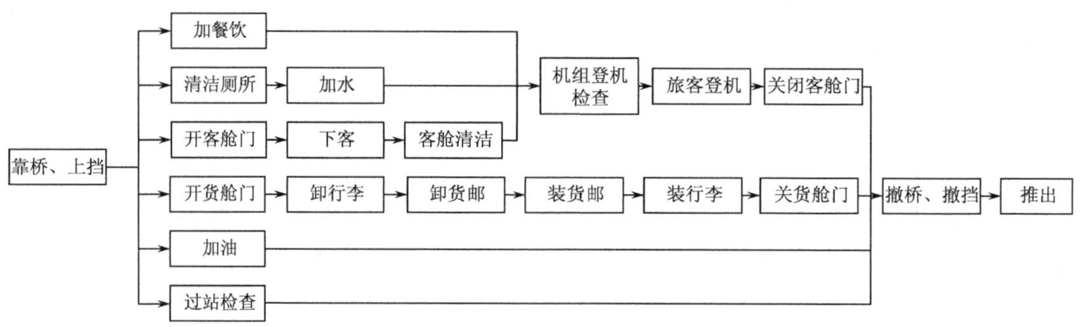

图 3.2　航班出港作业进程图

航班不正常原因的分类包括天气、航空公司、流量、航班时刻安排、军事活动、空管、机场、联检、油料、离港系统、旅客、公共安全等。

注意，流量原因主要是指在非天气、军事活动等外界因素影响下，实际飞行量超过空管保障能力；空管原因主要是指空管自身人为因素或设施等原因造成保障能力下降；天气和军事活动主要是指因为天气、军事活动导致的空管保障能力下降。因此，这些航班不正常的最终表现都是空管无法保障空中交通需求，但是不正常原因是不同的。

目前我国主要航空公司的航班正常率保持在 85%左右，达到国际平均水平，天气是造成航班延误的重要原因，占比约 50%，军事活动原因占比约 25%，空管和航空公司原因占比约 10%，旅客、机场和其他保障单位的原因占比很低。

思　考　题

1. 航班计划的作用是什么？什么是定期载客运行，什么是加班？
2. 什么是航季？
3. 航空公司开辟新航线应当考虑哪些因素？需要如何获得新航线的经营许可？

4. 什么是正常航班？什么是放行正常？什么是始发航班起飞正常率？

5. 简述常见机型的最少过站时间和主要机场的地面滑出时间标准。

6. 中国民用航空局采取哪些提高航班正常性的措施？

7. 航班 VV0001，起飞上海浦东机场，落地成都双流机场，计划离港时间 08:00，计划到港时间 11:00。进行航班正常判定：

(1) 实际起飞时间 08:10，实际落地时间 11:20，未发生返航备降；

(2) 实际起飞时间 08:40，实际落地时间 11:05，未发生返航备降；

(3) 实际起飞时间 08:50，实际落地时间 11:20，未发生返航备降；

(4) 实际起飞时间 08:10，实际落地时间 11:00，由于天气原因备降重庆江北机场；

(5) 实际起飞时间 08:10，实际落地时间 11:40，由于天气原因备降成都天府机场。

8. 上海浦东机场，机型 B777，前段进港航班 VV0001(深圳-浦东)，计划离港时间 12:00，计划到港时间 14:00；后段出港航班 XX0002(浦东-大兴)，计划离港时间 15:30，计划到港时间 17:00。进行机场放行正常判定：

(1) XX0001 开舱门时间 13:55，XX0002 实际起飞时间 15:45；

(2) XX0001 实际到达时间 14:45，开舱门时间 15:10，XX0002 实际起飞时间 16:50。

第4章　运 行 标 准

为了保证安全，每次飞行的运行环境都必须满足相应的运行标准。而这种运行标准不但受机场跑道条件、障碍物高度等固定条件的限制，还受到当时地面导航设备条件、使用机型等可变条件的影响。因此，运行标准是依据公布的资料，由运行控制人员根据实际情况来确定的。可见，如何确定一次飞行的运行标准关系到飞行安全，是实施运行控制的基础。

4.1　运行控制相关情报

航空公司的航空情报部门主要负责航行情报资料收集和导航数据库管理，具体可以分为以下几点。

(1) 航行情报资料保障工作。

航行情报资料保障工作包括：维护和管理中国民航国内航空资料汇编(NAIP)和国际杰普逊资料、机组飞行前航行资料提供和飞行后航行资料归还、按机型维护和管理公司的航线手册等。

(2) 航线规划和制作。

航线规划和制作包括：接收航行资料、航线调整文件和公司航线批复，完成航线规划制作和航线数据卡维护等。

(3) 航行通告监控及处理。

航行通告监控及处理包括：接收和处理航行通告，评估通告的内容对航班运行的影响，并通知相关部门；校核航行通告；向空管局提供公司新开航线走向等。

(4) 机载导航数据库管理。

航空公司现行导航数据库分为机载导航数据库和运行飞行计划系统导航数据库。机载导航数据库供应商为杰普逊公司和霍尼韦尔公司，数据库更新周期为28天，主要工作包括：制作修订数据给杰普逊或霍尼韦尔等数据库供应公司；维护机载导航数据库数据(如公司航路、PBN 程序等)，校核数据完整性和有效性；定期管理维护导航数据库数据；收集飞行、机务等运行单位反馈进行评估和统计，预见或发现电子导航数据存在缺陷后及时通报给相关飞行机组和飞行签派员及电子导航数据产品提供商。

(5) 运行飞行计划系统导航数据库管理。

根据航线数据卡，建立飞行计划航路、城市对等数据；实时维护运行控制系统中的航行数据；协助飞行签派员紧急情况下的航路调整等。

4.1.1　情报资料来源和类型

航行情报是保证飞行安全、正常和高效的必需资料，航行情报资料的管理由民航局空管局负责。空管局主要负责航行情报规章制度和业务标准制定、航行情报人员培训和情报执照管理；航行情报资料中涉及航图、飞行程序和运行标准的审查审批。

航行情报资料的发布由民航局空管局情报中心负责。情报中心负责全国航路网络规划；航空资料汇编及航图的编辑出版工作；航行通告发布，各级有资质的气象台负责发布航空气象情报资料。

国际航行情报资料由航空公司自行联系购买，来源包括有关国家的情报服务单位、杰普逊等国际航图供应商、霍尼韦尔等导航数据库服务商、日本WNI等商业气象服务公司等。

根据一体化航空情报系列资料的形式，民航局出版供国内用户使用的航空情报资料包括以下几个部分：中国民航国内航空资料汇编(NAIP)；中国民航国内航空资料汇编修订资料(AMDT)；中国民航国内航空资料汇编补充资料(SUP)；航空资料通报(AIC)；航行通告(NOTAM)；飞行前资料公告(PIB)等。

航行资料汇编(AIP)是一体化航空情报资料的核心组成部分，按照国际民航组织对各缔约国的规定和要求，每一个缔约国都应当出版航行资料汇编，关于航行情报服务的标准和建议措施定为公约的附件15。内容包括国家空中交通法规要求、服务提供程序、空管工作标准、航路图、机场详细坐标和设备设施情况、每个可用机场的进离场飞行程序和运行最低标准等。我国的很多机场并不对外开放，因此我国的航空资料汇编分为两种，一种是向国际公开的AIP，仅包含部分对外开放机场的信息；另一种是NAIP，包含国内所有的民航机场和军民合用机场。国内航空公司使用的是NAIP，是中国民用航空器在国内飞行时必备的综合性技术资料。

航空资料汇编修订资料是按照定期制规定，印发间隔为28天一期，生效日期均为航空资料世界共同生效日。主要内容是对汇编内的资料进行增加、修改和删除。每期修订按年编配修订期号，每次修订中包括修订通知、新增改的页面和页码校核单。

航空资料汇编补充资料是公布长期存在的临时性变动(有效期为3～6个月)，并对飞行有重要意义的情报资料。

航空资料通报是指那些既不能按航行通告标准发布，又不符合航空资料汇编内容要求的，但与飞行安全有关的，涉及技术、行政、立法或解释性质的航行情报，如每年航行资料定期生效日期的公布等信息。

航行通告是公布有关航行的设施、服务、程序的建立情况或者变化，以及对航行有危险情况的出现和变化的通知。

飞行前资料公告是提供给机组使用的现行有效航行通告的汇编，是有关本次飞行活动相关航行通告筛选后的集合。

4.1.2 航图和运行标准

航图是航行资料汇编AIP的组成部分。国际民航组织公约附件4中规范了十七种航图，在航行中的作用和重要性是不一样的，按照航图在飞机运行中的不同用途分为以下四类。

(1)仅用于做计划的航图：包括机场障碍物A型图、机场障碍物B型图、机场障碍物C型图和精密进近地形图四种。

(2) 从起飞至着陆之间飞行时使用的航图：包括标准仪表离场图、航路(线)图、区域图、标准仪表进场图、仪表进近图、目视进近图六种。

(3) 飞机在机场场面上运行时使用的航图：包括机场图、机场地面运行图、航空器停放图三种。

(4) 目视领航、作业和计划使用的航图：包括百万分之一世界航图、五十万分之一航空地图、作业图、小比例尺航空领航图四种。

我国航图依据国际民航组织所公布的标准，通过AIP形式发布。航路图在AIP航路部分单独给出。机场图在AIP航图手册中分别给出，每个可用机场的航图编号顺序为以下几种。

ZXXX-1：区域图、空中走廊图、放油区图等；

ZXXX-2：机场图、停机位置图；

ZXXX-3：标准仪表离场图；

ZXXX-4：标准仪表进场图；

ZXXX-5：仪表进近图(ILS)；

ZXXX-6：仪表进近图(VOR)；

ZXXX-7：仪表进近图(NDB)；

ZXXX-8：目视进近图；

ZXXX-9：进近图(RNAV、RNP、GNSS)。

在这些航图中，对运行控制工作影响最大的是机场图和仪表进近图，因为在这两种图中给出了机场的起飞和降落标准，是实施签派放行的依据；其次是航路图，因为航路图中给出了航路布局和航段长度等信息，是制定飞行计划的关键。

1. *航路图和区域图*

凡是已建立飞行情报区的区域必须将提供空中交通服务的所有航路绘制成航路图。航路图提供了航空器在空中航行时所需的导航信息，包括航路、航向、高度限制等。这些信息不仅为运行人员提供导航资料，还为空域管理、飞行计划等提供支持，确保航空运输的安全和高效。

在某些特别繁忙的机场附近，报告点或航路导航台过于复杂，以至于在航路图上实在无法充分绘制时，就应将这一区域绘制成区域图。此外，由于空中交通服务航路不同，位置报告点要求、飞行情报区域或管制区域的横向限制在空域的不同高度上也随之不同，如果不能在一张图中充分而清晰地标绘出来，那么将分别绘制多张航路图来提供资料，如分为高空图和低空图。

航路图中的基本要素如下。

1) 机场

航路图是为整个区域内的飞行服务的，它包括区域内的任何一个民航机场以及可供民航使用的军用机场。因此，在航路图上应标出供民航使用的所有能进行仪表进近的机场。

2) 限制区域

禁区、限制区和危险区这些限制区域，影响到航路的设置及飞行的安全。在航路图上，应将与空域高度有关的禁区、限制区和危险区及其范围、识别标志和垂直限制标注清楚。

3) 空中交通服务系统

空中交通服务系统是航路图的主要内容，大体上可以分为：导航设备资料、空域资料和航路资料三大类。航路图中应注明导航设备的类型和导航设备的特性，如频率、呼号、坐标等；空域资料是指各种飞行指挥区和飞行情报区的名称、空间范围及提供服务的单位、服务频率等；航路资料是指航线的各种领航数据和空中交通管理数据，如航向、距离、巡航高度、最低安全高度、位置报告点等。一切开阔水域、大的湖泊和河流的示意性岸线及海岸线、各条航路左右 25km 范围内的最高障碍物的位置和标高也应适当地描绘在航路图上。

2. 机场图

机场图是向飞行员与空中交通管制员提供航空器在停机位置与跑道之间往返地面活动时的所需资料，使飞行员能安全操作航空器进行地面运动，也使空中交通管制员能够全面掌握机场布局。对于运行控制人员而言，机场图提供了如起飞标准、灯光系统等航空器运行所必需的机场资料。

3. 仪表进近图

仪表进近图是将设计好的仪表进近程序、复飞程序和等待程序绘制成图，提供给用户，使运行控制人员了解机场的仪表进近程序、复飞程序和等待航线程序以及实施仪表进近程序所需的机场最低天气条件。

仪表进近图分为平面图、剖面图和补充资料三部分。平面图主要表示仪表进近程序的平面布局、导航台布局、机场位置、仪表进近程序在使用时所需要的各种领航数据以及制图范围内的主要地形。剖面图主要表示仪表进近程序中各个航段的垂直高度、下降梯度、复飞梯度、导航台以及相关的跑道。补充资料采用表格方式表示使用该进近程序的各类航空器所需要的最低天气标准以及其他的数据和说明。

在仪表进近图的左下部分，公布的是各类飞机在执行该程序时的最低天气标准。非精密进近采用最低下降高、云高和能见度三个要素来表示；精密进近采用决断高度、跑道视程或能见度表示；如果是精密进近，还需同时公布下滑台不工作时的最低天气标准，此时最低天气标准的表示方法与非精密进近最低天气标准的表示方法相同。各类仪表进近程序都应公布目视盘旋的天气标准。若有必要，还可在表格下部注明宽体机标准、目视盘旋的限制、夜航限制等。

4.1.3 航行通告识读

1. 航行通告类型

航行通告是飞行人员和飞行有关人员必须及时了解的有关航行的设施、服务、程序的建立情况或者变化，以及对航行有危险情况的出现和变化的通知。因为通过航图资料只是可以获得理想条件下的运行标准，只有航行通告才可以告知飞行签派员最新的运行条件变动情况，所以在任何一次的签派放行中，飞行签派员可能会因为熟悉而不需要查阅航图，但总是必须查阅最新的航行通告信息，并且需要进一步从航行通告中搜集出来与本次飞行有关的航行信息，整理为供飞行人员使用的飞行前资料公告(PIB)。

航行通告系列编号由一个英语字母系列号带四位数字、斜线和两位数字的年份组成(如A0023/19)，航行通告按系列划分为A、C、D、E、F、G、L、U、W、Y系列和S系列。每个系列从每年1月1日0时开始，自0001连续编号(S系列除外)。A、E、F、G、L、U、W和Y系列航行通告使用协调世界时(UTC)，C、D系列航行通告使用北京时。

(1)A、E、F、G、L、U、W和Y系列——国际系列航行通告，用于国际分发。国际系列航行通告应当由全国民用航空情报中心国际通告室负责填写和拍发，并发送到同我国建立航行通告交换关系的外国国际航行通告室、各地区民用航空情报中心和需要国际系列航行通告的机场民用航空情报单位。

① A系列：发布内容包括法规、标准、服务和程序；航路/航线；仅与航路飞行有关的空域、导航设施和航空警告；E、F、G、L、U、W和Y系列航行通告未包含的其他航空情报。

② E系列：发布内容为北京飞行情报区内各国际或对外开放机场的相关航空情报。

③ F系列：发布内容为上海飞行情报区内各国际或对外开放机场的相关航空情报。

④ G系列：发布内容为广州、武汉和三亚飞行情报区内各国际或对外开放机场的相关航空情报。

⑤ L系列：发布内容为兰州飞行情报区内各国际或对外开放机场的相关航空情报。

⑥ U系列：发布内容为昆明飞行情报区内各国际或对外开放机场的相关航空情报。

⑦ W系列：发布内容为乌鲁木齐飞行情报区内各国际或对外开放机场的相关航空情报。

⑧ Y系列：发布内容为沈阳飞行情报区内各国际或对外开放机场的相关航空情报。

(2)C系列——国内系列航行通告，用于国内分发。国内系列航行通告应当由全国民用航空情报中心、地区民用航空情报中心负责填写和拍发，仅限于发送到国内航空情报服务机构。

(3)D系列——地区系列航行通告，用于本地区内分发。地区系列航行通告应当由机场民用航空情报单位填写并拍发至所在地区民用航空情报中心。D系列航行通告，由所在地区民用航空情报中心用C系列转发；适合国际分发的，由全国民用航空情报中心国际通告室用A、E、F、G、L、U、W和Y系列转发。

(4)S系列——雪情通告用标准的全球报告格式(GRF)提供道面状况报告，通知由于机场活动区内有雪、雪浆、冰、霜、积水或与雪、雪浆、冰或霜有关的水而存在的危险情况，或者这种险情的终止。雪情通告每年自7月1日从0001号起按顺序编号。对国外发布的雪情通告使用协调世界时，对国内发布的雪情通告使用北京时。

当火山活动发生变化或预计其活动可能对飞行有重大影响时，应当拍发火山灰通告ASHTAM，其有效期最长24h。

2. 航行通告涉及范围

航行通告的内容包括航行资料和对飞行有重要意义的资料，具体有以下内容。

(1)机场或跑道的设置、关闭或运行上的重大更改。

(2)航空服务(机场和地面设施、航行情报服务、空中交通服务、通信、气象、援救等)的建立、撤销或服务过程中的重大更改。

(3)电子和其他导航以及机场设备的设置或撤销。这包括更改频率、更改已通告的服务时间、更改识别信号、更改方向(方向性设备)、更改位置、更改广播时间和内容、任何导航设备和通信服务工作不正常或不可靠的情报。

(4)目视导航设备的设置、撤销或重要变动。

(5)机场灯光系统主要组成部分的中断和恢复工作。

(6)航行服务程序的制定、撤销或重要更改。

(7)机动区内主要缺陷或障碍物的出现或排除。

(8)可提供的燃料、滑油及氢气有限制或有变化。

(9)现用搜寻援救设施和服务的重要变动。

(10)标志航行障碍的危险灯标的设置、撤销或恢复工作。

(11)需要立即采取措施的规章的更改，如搜寻和援救活动的禁区。

(12)影响航行的险情存在(包括障碍物、军事演习、航空表演以及在公布地点外的跳伞)。

(13)起飞和爬升、复飞、进近区及升降带内对航行有重要关系的障碍物的设立或变动。

(14)禁区、限制区或危险区的性质的更改、建立或停止活动(包括开始活动或停止活动)。

(15)地名代码的分配、取消或更改。

(16)机场援救和消防设施通常备有的保障水平的重要变动。

(17)由于活动区存在雪、雪浆、冰或水产生的危害条件或其清除。

(18)发生传染病需要更改预防注射和检疫的要求。

(19)太阳宇宙射线预报。

(20)火山活动状况的信息，火山爆发地点、日期和时间，火山云的存在、密度和范围，包括移动方向、飞行高度层和可能受其影响的航路或航段。

3. 航行通告关键信息

航行通告按照 AFTN 电报规则编制，地名组采用 ICAO 规定的四字地名代码。日时组以两位数的日期和四位数的时分表示，如 131547 表示 13 日 15 时 47 分。国际分发的 NOTAM 采用协调世界时；国内分发的 NOTAM 采用北京时。

航行通告的代码用五字码表示，其第 1 个字母为“Q”，因此航行通告代码又称为 Q 代码；第 2、3 个字母为航行通告的主题；第 4、5 个字母为航行通告主题的情况或状态。具体代码如下：实际工作中通常基于航行通告代码实现对通告内容的自动识读和预警，例如，当出现“LC 关闭”时，可以将这份 NOTAM 自动突出显示给相关航班的飞行员和飞行签派员，降低匆忙忽略重要信息的风险。

一份航行通告应只说明一项事宜，内容简洁，意义准确清楚。A、E、F 类航行通告用 ICAO 简缩语、英语明语说明。C、D 类航行通告使用国内规定的简缩语说明。如果结束时间尚未确定，应加注 EST，或者是永久性资料(PERM)，如 C)9607040030、C)9607040030EST 或 C)PERM。C)项中含有 EST 的航行通告应发布航行通告予以取消或代替，不能自行失效；带有 PERM 的 NOTAM，当修订资料生效时，应以 NOTAMC 取消。

注：D)项填写有效时间段。如果分段生效时间比较复杂或超过三行，那么应在 E)项中说明。在实际工作中应特别注意该项，因为通常机场不停航施工，都是在 B)项时间到 C)项时间之间的每天的某一个时段，而不是其间机场全天关闭。

因此，飞行签派员在具体识读时应当认真分析理解，注意对 ICAO 缩略语的识读，注意与机场其他已有航行通告之间的联系，研究对运行可能造成的实际影响，例如，当测距仪(DME)关闭时就要分析航图，查阅此设备关闭是否导致无法实施全向信标台/测距仪(VOR/DME)或者仪表着陆系统/测距仪(ILS/DME)进近。

(A0047/20 NOTAMN

Q)ZBPE/QNDAS/IV/BO/AE/000/999

A)ZBAD　B)2002051630　C)2002152200　D)1630-2200

E)IDN CH42Y DME CLSD DUE TO MAINT)

译文：北京情报区航行通告 2020 年 A 系列 47 号新航行通告，大兴机场自 2020 年 2 月 5 日至 15 日，每天协调世界时 16 时 30 分至 22 时，机场 IDN 测距仪(频道 42Y)因为维修而停止使用。

4. 常见运行控制影响

雪情通告和火山灰通告对运行控制的影响主要是体现在机场和航路是否可用。航行通告内容对运行控制的影响主要是相关仪表进近设备故障和灯光系统故障是否影响机场运行。

(1)仪表着陆系统空间信号由于受地面建筑物、飞机的反射或者受到电磁波的干扰时，将会降级使用。如果Ⅱ类仪表着陆系统信号降至Ⅰ类性能，不得进行Ⅱ类进近，只能进行Ⅰ类进近，使用Ⅰ类进近着陆最低标准。

(2)仪表着陆系统地面下滑台不工作，则按照非精密进近实施，使用下滑台不工作的着陆最低标准；如果地面航向台不工作，就不允许使用仪表着陆系统进近。

(3)仪表着陆系统航向台和下滑台的备用发射机不工作，Ⅱ类运行允许进近至决断高度建立目视，手动操纵着陆。如果在决断高度不能建立目视参考，则应当立即复飞。

(4)接地区跑道视程观测设备不工作，可以由跑道中部的跑道视程观测报告代替，也可以由人工观测跑道着陆方向的能见距离代替。

(5)进近灯临时发生故障不工作时，Ⅰ类进近应当按照 CCAR-97 部附件 1 的规定增加能见度或者跑道视程。Ⅱ类和Ⅲ类进近着陆不允许进近灯不工作。

(6)如果整个跑道灯系统不工作，不允许使用Ⅱ类和Ⅲ类运行，而且Ⅰ类和非精密进近只允许在白天进行，并使用基本设施的着陆最低标准。

(7)如果跑道边灯不工作，所有各类运行只允许在白天进行。

(8)如果跑道中线灯不工作，对Ⅰ类和非精密进近的着陆最低标准无影响；Ⅱ类和Ⅲ类进近着陆不允许跑道中线灯不工作。

4.2 重要航空气象分析

大气是指包围整个地球的空气圈。它时刻不停地运动着，并改变它的状态，发生着各种不同的物理过程和物理现象，极大地影响着飞行运行。因此，航空公司实施运行控制时，就必须收集有效的气象资料，分析影响运行的航空气象要求，重点关注威胁飞行安全的重要天气现象，最终根据天气的实况和预报，在兼顾安全和收益的条件下合理地做出决策。

4.2.1 常见危险天气

1. 雷暴

由对流旺盛的积雨云引起的，伴有闪电雷鸣的局地风暴，称为雷暴。一般雷暴的移动方向大致与对流层中平均风的风向相一致，也就是与500hPa(1hPa=100Pa)等压面图上雷暴所在位置的风向相一致，但移速往往小于风速。强烈雷暴通常偏向对流层中层风的右方移动。伴随天气系统出现的雷暴，它们的移动方向基本与天气系统方向相同。

在雷暴活动区飞行，除了云中飞行的一般困难外，还会遇到强烈的湍流、积冰、闪电击、阵雨和恶劣能见度，有时还会遇到冰雹、下击暴流、低空风切变和龙卷风。飞机在雷暴附近飞行时，有可能被雷电击中，但是与一般认识相反，因为飞机是良好的密封金属导体，一般情况下被闪电击中对飞行安全的威胁较小。雷暴最主要的威胁体现于强烈的大气乱流，可能导致飞机强烈颠簸甚至失速。

因此，雷暴是航空气象要素中对飞行安全最常见，也是最严重的威胁。当航路上有雷暴时，要关注雷暴走向，分析飑线的影响发展区域，及时研究绕飞改航方案，并提前联系空管和空军，协调处置方案；当机场被雷暴覆盖时严禁放行航空器，当机场附近有雷暴时，要和当地空管部门密切联系，了解其移动发展和影响程度，联系周边可用备降机场，提前预约停机位，并告知机组和公司相关部门，及时启动处置预案。

2. 颠簸

飞机颠簸是指在飞行中遇到扰动气流，就会产生震颤、上下抛掷、左右摇晃，造成操纵困难、仪表不准等现象。根据飞行员感觉和飞行状态的异常程度，航空气象把颠簸强度分为三个等级：弱颠簸、中度颠簸和强烈颠簸。运行中应当提前识读气象信息，雷暴、飑线、锋面、高空急流附近是颠簸常发区域，应当避免放行飞机进入中度以上的颠簸区域。

风切变是指风向和风速的剧烈变化，包括垂直风切变(下击暴流)和水平风切变，风切变必然导致飞机颠簸，低空风切变是导致飞机低空失速坠毁的主要危险源，高空风切变主要发生在高空急流附近，以10km高度附近出现最多。

高空急流是位于对流层上层或平流层中的一股强而窄的气流，是大气环流中的一个重要现象。高空急流的形成经常是和大气中有大的水平气温梯度相关的。如果在大气中有一个水平气温梯度大的区域，那么在它的上面，必有一个强风带存在，当风速达到或超过 30m/s 时，即出现了急流。在对流层中，中纬度地区上空就经常出现水平气温梯度大的狭长区域，气温由南向北递减，故西风风速随高度增加迅速上升，因此在中纬度地区上空就经常出现西风急流。

在急流中飞行，风速大，对飞机地速影响很大，同时还可能遇到强烈的扰动气流而产生飞机颠簸。由于高空急流所在的高度已接近飞机最大升限高度，飞机的操纵性和气动性能都不好，因此即使是顺着急流飞行最为有利，但在选择航线高度时，也绝对不要选择在飞机最大升限的高度。在急流中飞行首先要查明飞机与急流轴的相对位置。若是顺急流飞行，则应选择在风速最大的区域内，这样，可以获得较大的地速，节省燃料。若是逆急流飞行，则应选择在风速最小的区域内。

在急流区，当发现颠簸越来越强时，应采取改变高度或航向的方法脱离急流，通常改变高度 300～400m 即可脱离。在急流中飞行时，飞行人员及乘客应及早系好安全带，以免发生颠簸时人员被抛离座位而受到伤害。

3. 积冰

积冰是指飞机表面某些部位聚集冰层的现象。飞机在起飞时都要求表面不能带冰、雪、霜，因为在特定的航空器表面即使存在很少的污染，也可能降低航空器的性能和飞行品质。飞机积冰的首要影响在于改变飞机的气动外形，尤其是机翼和尾翼积冰，使升力系数下降，阻力系数增加，引起飞机抖动并使操纵发生困难。其次，影响还包括若空速表进气口积冰，可影响空速表、高度表等的正常工作，若进气口被冰堵塞，可使这些仪表失效导致飞机被错误操作。

积冰是由云中过冷水滴或降水中的过冷雨滴碰到飞机机体后冻结形成的，也可以由水汽直接在机体表面凝华而成。飞机表面的积冰根据结构、形状及对飞行的影响不同，分为明冰、毛冰、霜和雾凇。按强度可以分为弱积冰、中度积冰、强积冰和极强积冰，其强度与气象条件和飞机空气动力特性有关。

地面结冰条件：一般是指外界大气温度在 5℃以下，存在可见的潮气(如雨、雪、雨夹雪、冰晶、有雾且能见度低于 1500m 等)或者在跑道上出现积水、雪水、冰或雪的气象条件，或者外界大气温度在 10℃以下，外界温度达到或者低于露点的气象条件。

空中积冰条件：一般是指气温或飞机表面温度低于 0℃且存在水汽。在空中飞行时，通常积冰形成于 0℃以下的云中。因为云中温度越低，水汽越少，所以在温度低于–20℃的高空云中飞机积冰的可能性很小。我国飞机积冰主要出现在 5000m 以下的云中，飞行高度在 3000m 左右最多，云中温度在–10～–4℃出现积冰的概率最大，如果湿度条件适宜，均可有中度以上的积冰产生。在锋面附近或在穿越锋区时积冰的概率较大，在发展的暖锋中，暖空气正沿着锋面被抬升，这时最容易形成积冰。因此，在飞行前应仔细了解飞行区域的云、降水和气温的分布，以及–20～0℃等温线的高度，特别要注意–2℃和–10℃等温线的高度。

4. 大侧风

通常所说的风是指空气相对于地面的水平运动。风是矢量，有大小和方向。风速是指单位时间内空气微团的水平位移，常用的风速单位是米/秒(m/s)和海里/小时(n mile/h,

简称节，kn)，在领航或性能分析中出于快速计算的需要，近似认为1kn=0.5m/s。此外，还常用风力等级来表示风速的大小。英国人弗朗西斯·蒲福于1805年拟定“蒲福风力风级”，根据风对地面物体或海面的影响程度，将风力分为13个等级(0～12级)，从而在目测风时，只要根据风力等级表中各级风的特征，即可估计出相应的风速。后随着测风仪器的发展，“蒲福风力等级”几经修订补充，现已扩展为18个等级，13级以上的风、浪高、海陆标志难以表达。目前最高的17级风的风速是56.1～61.2m/s，17级以上的风速，已没有必要制定分级标准。注意，这是指地面风，在高空的风速非常大，甚至可达到100m/s。风的分级如表4.1所示。

表4.1 风的分级

等级	名称	英文名称	风速/(m/s)	风的特征
0	无风	Calm	0～0.2	烟几乎垂直上升，树叶不动
1	软风	Light Air	0.3～1.5	烟能表示风向，但风向标不动
2	轻风	Light Breeze	1.6～3.3	人脸感觉有风，树叶有微响，风向标能转动
3	微风	Gentle Breeze	3.4～5.4	树叶及微枝摇动不息，旌旗展开
4	和风	Moderate Breeze	5.5～7.9	能吹起地面灰尘和纸张，树的小枝摇动
5	清风	Fresh Breeze	8.0～10.7	有叶的小树摇摆，内陆的水面有小波
6	强风	Strong Breeze	10.8～13.8	大树枝摇动，电线呼呼有声，举伞困难
7	疾风	Near Gale	13.9～17.1	全树摇动，大树枝弯下来，迎风步行感觉不便
8	大风	Gale	17.2～20.7	可拆毁树枝，迎风难行
9	烈风	Strong Gale	20.8～24.4	烟囱及平房顶受到损坏，小屋遭受破坏
10	狂风	Storm	24.5～28.4	陆上少见，可使树木拔起或将建筑物吹毁
11	暴风	Violent Storm	28.5～32.6	陆上很少，有则必有重大损毁
12	飓风	Hurricane	32.7～36.9	陆上绝少，其破坏力极大

对于风向，特别应当注意的是，气象上的风向是指风的来向，常用360°或方位来表示，例如，气象预报中所说明天风向120°或者刮东南风，都是指风从东南方向吹来。但是在领航学上所说的风向却正相反，是指从真北(磁北)顺时针转向风的去向，因此领航上所说的风向120°，是指风从西北吹向东南方向。

风对飞行的影响主要体现在飞机起降阶段。飞机能够承担的最大风速，取决于机型和风与飞行方向的夹角。

对于顺风而言，在飞机着陆过程中，需要减小油门使空速减小，才能在预定点落地，否则就可能因为地速过大而导致飞机冲出跑道，但同时顺风也可能会促使驾驶员产生高速着陆的错觉，而高速着陆的错觉可能会造成驾驶员在飞机接地之前过度减速致使飞机失速；在飞机起飞过程中，顺风起飞会造成飞机达到离地速度所需要的滑跑距离加长，当顺风很大时飞机甚至无法起飞。因此在起降过程中顺风的大小受到严格控制，通常限制最大顺风是10kn。

对于侧风而言，航路飞行中极小的侧风就可能导致严重的偏航；起降过程中飞机的飞行速度低，因此侧风对航向的影响就更加严重。在飞机最后进近过程中，飞行方向必须和跑道方向保持一致，才能安全地落在跑道上，但是为了平衡侧风的影响，飞机的纵轴必须偏向侧风的去向，并且在落地前再迅速修正指向跑道方向，否则飞机将冲出跑道。因此侧风越大，进近中飞机纵轴和跑道的夹角就要越大，要保持正常的下滑道或滑跑非常困难，加上阵风的影响，使飞机更加难以操纵。

不同航空公司关于阵风的规定有所不同，通常在准备飞行的计划中，应以正常状态的风(不考虑阵风)来决定飞机的运行和风速限制；在实际的飞行操作中，应当以最新的风向风速报告(包括阵风)来决定飞机的运行限制，此时应使用塔台报告的风向风速。

在《飞行机组操作手册》(FCOM)中都列出了进近的最大理论侧风数据，这些限制数据都来自于在干燥跑道上的实验数据。决定可接受的侧风速时，必须在具体条件下考虑风向、风速、天气、跑道长度和跑道表面状况等诸多因素。通常情况下，湿跑道侧风限制数据减半，而II类进近和着陆的侧风极限为10kn。

5. 低云

云是指停留在大气层上的水滴或冰晶胶体的集合体。因为云反射和散射所有波段的电磁波，所以云的颜色呈灰度色，云层比较薄时呈白色，但是当它们变得太厚或浓密而使得阳光不能通过时，它们可以看起来是灰色或黑色的。

云不但有不同的外貌，而且有不同的成因，对飞行的影响也不尽相同。为了分清不同类型的云，可以按其云底高度把它们划入三个云族：低云、中云和高云。

低云形成于2500m以下的大气。大气中有丰富的水汽。低云包括雨层云(Ns)、层积云(Sc)、层云(St)、碎雨云(Fn)、碎层云(Fs)、碎积云(Fc)、淡积云(Cu)、浓积云(TCu)和积雨云(Cb)，其中对飞行影响最大的是浓积云和积雨云。

中云形成于2500～6000m的高空。它们是由过度冷冻的小水点组成的，包括高积云(Ac)、高层云(As)。

高云形成于6000m以上的高空。在此高度的水都会凝固结晶，因此这族的云都是由冰晶体所组成的。高云一般呈纤维状，薄薄的并多数会透明，包括卷云(Ci)、卷积云(Cc)、卷层云(Cs)。

云的观测是指对云状、云量和云高的判定。

1) 云状

在地面判断云状的主要依据是云的外貌特征、出现高度、云的色彩、亮度以及与云相伴的天气现象。通常在云中飞行时遇到的主要影响是能见度降低，其次可能会有一定的颠簸和积冰。但是严禁在浓积云和积雨云中飞行，甚至不可以接近积雨云。

浓积云对飞行的影响表现为在云下或在云中飞行常有中度颠簸到强烈颠簸，云中飞行还常有积冰。积雨云常伴有雷电、狂风、暴雨等恶劣天气，云中能见度极为恶劣，飞机积冰强烈，在云中或云区都会遇到强烈的颠簸、雷电的袭击和干扰，因此禁止在积雨云中飞行，并且为防止气流将冰雹甩出，绕飞过程中必须和积雨云保持10km以上的距离。

2) 云量

云量是指云遮盖天空视野的份数。地面观测时，全部天空呈半球形，民航部门规定把天空分为八等份，其中被云遮盖的份数就是云量，云遮盖几份，云量就是几。常常用

FEW(代表 1/8～2/8 个云量)、SCT(代表 3/8～4/8 个云量)、BKN(代表 5/8～7/8 个云量)和 OVC(代表 8/8 个云量)表示。由于天空可以同时存在几层高度不同的云，因此可以分别统计某一层中的云量。

3) 云高

在运行中云高一般是指遮蔽半个以上天空的云的云底高，即云量 OVC 和 BKN 的最低云层底部与机场标高的垂直距离。除非有飞机报告或塔台通知确实存在影响，否则不考虑 FEW 和 SCT 的云高。

6. 低能见度

能见度(VIS)：当在明亮的背景下观测时，能够看到和辨认出位于近地面的一定范围内的黑色目标物的最大距离；在无光的背景下观测时，能够看到和辨认出光强为1000cd 灯光的最大距离。观测地面能见度时，一般是在测站周围各个方向选定不同距离的符合要求的目标物，测出它们的距离，然后在观测时，找出能够被看清轮廓的最远目标，这个目标的距离就是能见度。我国民航气象服务机构一般提供的是主导能见度，即观测到达到或超过四周一半或机场地面一半的范围所具有的能见度值。

跑道视程(RVR)：在跑道中心线上，航空器上的驾驶员能看到跑道面上的标志或跑道边灯或中线灯的距离。跑道视程不是直接测量的气象元素，它是经大气透射仪测量后考虑大气消光系数、视觉阈值和跑道灯强度而计算的数值，也可经前向散射仪测量后计算得到。RVR 数值的大小与跑道灯光的强度有关。当 RVR 值小于飞机起飞、着陆要求的数值时，应考虑将跑道灯光强度调大直至最强(5 级灯光)，以提高飞机运行的正常性。

注意，因为能见度和跑道视程由完全不同的方法测定，所以两者之间不存在数值的换算方法，两者数据之间没有相关性。我国气象观测规定，当机场主导能见度或正在使用的跑道的 RVR 低于 1500m 时，应当发布 RVR 值。因为 RVR 测量设备和观测区域的优势，所以在可以同时获得 RVR 值和 VIS 值时，以 RVR 值为准。

导致视程障碍的原因是大气中的固体和液体杂质在一定条件下常聚积起来形成天气现象，影响大气透明度。这类天气现象主要有雾、烟幕、霾、风沙、浮尘、吹雪、云和降水等。

雾是指悬浮于近地面气层中的水滴或冰晶，使地面能见度小于 1000m 的现象。在签派放行中需要重点关注雾对能见度的影响，并结合当地实际环境的准确预测。

辐射雾是由地表辐射冷却而形成的雾。辐射雾的形成一般需要晴朗的夜空(无云或少云)、微风和近地面空气湿度大三个条件。在这些条件下，地表辐射冷却快，近地层空气降温多，容易形成低空逆温层，使水汽聚集其下而不易扩散，故容易达到饱和而形成雾。因此，我国辐射雾多出现于秋冬季下半夜到清晨，日出前后最浓。此后随着气温的升高或风速的增大，雾逐渐消散，地面能见度也随之好转。

平流雾是暖湿空气流到冷的下垫面经冷却而形成的雾。我国沿海地区的平流雾多由海面上的暖湿空气流到冷地表而形成的，季节变化呈现出春夏多、秋冬少的特点，日变化不明显。沿海地区，若风向为由暖海面吹向冷陆地，则平流雾即可很快形成，短时间内迅速覆盖整个机场。

4.2.2 航空气象资料

1. 日常航空天气报告(METAR)

地面航空天气报告分为两种：日常航空天气报告和特殊天气报告(都可含趋势预报)。日常航空天气报告是每小时正点观测，特殊天气报告是不定时观测，它表示一种或几种天气因子有重大变化。

典型日常航空天气报告示例如下：

METAR ZBAA 221630Z 24008MPS 1200 R18/1000U FG DZ SCT010 OVC020 17/16 Q1018 BECMG TL 1700 0800 FG BECMG AT 1800 9999 NSW=

译文：首都机场日常报，22 日 16 时 30 分(UTC)；地面风向 240°，风速 8m/s；能见度 1200m，18 号跑道的跑道视程为 1000m，并有上升趋势，有雾和毛毛雨；疏云高 300m，满天云云高 600m；气温 17℃，露点 16℃，修正海压 1018hPa；未来两小时趋势：到 17 时能见度将变为 800m，有雾，在 18 时能见度将大于 10km，无重要天气。

首先，在日常航空天气报告中特别需要关注能见度信息。我国气象观测规定，当机场主导能见度或正在使用的跑道的 RVR 低于 1500m 时，应当发布 RVR，当有能见度和 RVR 时，以 RVR 为准。

其次，气象报告中重点需要关注其中的天气变化趋势。

当前气象要素预计将发生明显变化时，用“BECMG”或“TEMPO”编报。

“BECMG”：渐变为，气象情况以固定的或非固定的变率和在不确定的时间达到或超过规定的阈值的预期变化；

“TEMPO”：短时，气象情况达到或超过规定的阈值的频繁或不频繁的预期短暂波动，并且每次波动持续时间不超过 1h，而且其总共所占时间不超过预期发生波动的预报时段的一半；

当前气象要素预计无重要变化时用“NOSIG”编报。

表示变化的时、分，用协调世界时，可表示为“FM”“TL”和“AT”，分别指变化开始时间、变化结束时间和在某一时刻出现。

例如，“BECMG FM 0215”意为 02 时 15 分天气渐变为……，“TEMPO AT 0200”意为天气在 02 时有短时变化。

2. 特殊报告(SPECI)

当出现风速、能见度、云高发生显著变化或出现冻雨、雷暴等危险天气时，机场将发布特殊观测报告。特殊观测报告是指在两次正点观测之间，当某种对飞行有较大影响的天气现象出现(终止或消失)时，而进行的报告。表示天气转坏的 SPECI 报将在 5min 内发出；表示天气转好的 SPECI 报将在该天气现象停止(消失)后 10min 内发出。

SPECI 报的电码格式与 METAR 报基本相同，只是 SPECI 报代替了 METAR 报作为特殊报告的起头。由于特选报主要是针对恶劣天气编报的，为了突出重点，METAR 报中无关的项可以省略，因此它简单明确。相关的各项编报方法和 METAR 报中与之相对应的项相同。例如：

SPECI ZBAA 241115Z 05012G20MPS 0500NE DS=

译文：首都机场特殊报告，24 日 11 时 15 分；地面风向 50°，风速 12m/s，阵风 20m/s；能见度在东北方 500m，有尘暴。

注意区分的是，除了 SPECI 报外，在气象服务中还有 SPECIAL 报。SPECI 报和 SPECIAL 报都是特殊天气报告，它们是当在两次例行观测(指整点或半点的实况观测 METAR)之间，地面风、能见度、跑道视程、现在天气现象或云等出现特殊变化或者某气象要素达到气象部门与相应的空中交通服务部门、航空公司及其他航空气象客户商定的标准时，气象观测人员对其进行观测并编发的相应电报。

但是两者的主要差别有以下几个方面。

(1)用途不同：SPECI 报是向外发布用于飞行计划、对空气象广播(如 ATIS)、地空数据链，SPECIAL 报主要用于航空器进离场。

(2)格式不同：SPECI 报使用与 METAR 报一样的格式和内容编发；SPECIAL 报使用缩写明语格式即英语简语编报，对飞行量少的机场，此报的方式可以是口头、电话、传真等。

(3)传播范围不同：SPECI 报向本机场以外发布，编报的项目代表机场及其附近区域的情况；SPECIAL 报供本机场的空管及航空公司用户使用，主要是进近着陆区域信息和起飞爬升区域信息。

3. 航站天气预报电报(TAF)

依据 2020 年 1 月生效的《民用航空气象预报规范》，机场预报的有效时段一般为 9h、24h、30h，时段为 9h 的预报每隔 3h 发布一次，时段为 24h 或 30h 的预报，每隔 6h 发布一次。机场预报发布时间不迟于有效时间开始前 1h。

典型航站天气预报示例如下：

TAF ZBCF 130410Z 1306/1315 31007MPS 8000 SHRA FEW005 FEW010CB SCT018 TX32/1307Z TN22/1315Z TEMPO 1309/1313 + SHRA TEMPO 1313/1315 TSRA SCT005 SCT010CB=

译文：赤峰机场发布的本场预报，发报时间 13 日 04:10(UTC)，预报有效时间为 13 日 06:00(UTC)至 13 日 15:00(UTC)。地面风向 310°，风速 7m/s，能见度 8000m，中阵雨，1～2 个量的云，云高 150m，1～2 量的积雨云、云高 300m，3～4 个量的云，云高 540m，最高气温 32℃，出现在 13 日 07:00(UTC)，最低气温 22℃，出现在 13 日 15:00(UTC)，预计在 13 日 09:00(UTC)至 13 日 13:00(UTC)之间有短时波动，出现强阵雨，在 13 日 13:00(UTC)至 13 日 15:00(UTC)之间有短时波动，出现中雷雨，3～4 个量的云，云高 150m，3～4 个量的积雨云，云高 300m。

TAF ZSSS 251017Z 2512/2612 11003MPS 5000 BR SCT016 TX18/2606Z TN10/2521Z BECMG 2518/2520 1500 TEMPO 2520/2524 0500 FG BECMG 2600/2602 07008MPS 8000 =

译文：上海虹桥国际机场发布的本场预报，发报时间 25 日 10:17(UTC)，预报有效时间为 25 日 12:00(UTC)至 26 日 12:00(UTC)。地面风向 110°，风速 3m/s，能见度 5000m，轻雾，3～4 个量的云，云高 480m，最高气温 18℃，出现在 26 日 06:00(UTC)，最低气温 10℃，出现在 25 日 21:00(UTC)，预计在 25 日 18:00(UTC)至 25 日 20:00(UTC)逐步变为能见度 1500m，在 25 日 20:00(UTC)至 26 日 00:00(UTC)之间有短时波动，能见度

500m，雾，在 26 日 00:00（UTC）至 26 日 02:00（UTC）逐步变为地面风向 70°，风速 8m/s，能见度 8000m。

TAF ZBAA 262240Z 2700/2806 34004MPS 8000 FEW004 SCT030 TX29/2706Z TX28/2806Z TN19/2721Z TEMPO 2706/2708 2800 TSRA SCT010 SCT020CB BECMG 2724/2801 2000 RA BR OVC010 =

译文：北京首都国际机场发布的本场预报，发报时间 26 日 22:40（UTC），预报有效时间为 27 日 00:00（UTC）至 28 日 06:00（UTC）。地面风向 340°，风速 4m/s，能见度 8000m，1～2 个量的云，云高 120m，3～4 个量的云，云高 900m。27 日最高气温 29℃，出现在 27 日 06:00（UTC），28 日最高气温 28℃，出现在 28 日 06:00（UTC），最低气温 19℃，出现在 27 日 21:00（UTC），预计在 27 日 06:00（UTC）至 27 日 08:00（UTC）之间有短时波动，能见度 2800m，中雷雨，3～4 个量的云，云高 300m，3～4 个量的积雨云，云高 600m，在 28 日 00:00（UTC）至 28 日 01:00（UTC）逐步变为能见度 2000m，中雨，轻雾，8 个量的云，云高 300m。

4. 重要天气预报图

重要天气预报（Significant Weather Forecast）就是对航路区域有重大影响的天气的预报，常以预报图和缩写明语形式的电码提供，一般有效时间为 24h。它一般分三种高度层提供，即飞行高度在 FL100（10000ft，1ft=30.48cm）以下的低层，飞行高度 FL100（10000ft）至 FL250（25000ft）的中层和飞行高度在 FL250（25000ft）以上的高层。

1）低层重要天气预报图 SWL

低层重要天气预报图的主要内容有：锋面和辐合带地面位置及移向、移速；受恶劣天气现象影响的地区范围和受影响的高度层，包括雷暴、热带气旋、飑线、雹、在云中或在晴空的中度或严重颠簸、山地波和伴随的下降气流、航空器积冰、冻降水、大范围的沙暴或尘暴、雾、降水和引起能见度低到 5km 以下的其他现象所影响的区域和高度；云区范围、云量、云状、云顶高、云底高；小于 5km 的地面能见度；气压中心和它们未来的移向、移速；低于预报空域顶高的 0℃等温层高度；海面温度和海面状况。

2）中层重要天气预报图 SWM

中层重要天气预报图的主要内容有：雷暴；热带气旋；强飑线；中度或强烈颠簸；中度或严重积冰；大范围的沙暴、尘暴；在飞行高度 FL100 到 FL250 这一高度层上并与恶劣天气现象相关的各种云；完全确定的辐合带地面位置；锋面系统的地面位置、移向、移速；急流轴位置、高度、急流轴上最大风向、风速；火山爆发的地点、时间、火山灰云范围；云中的 0℃等温层高度。

3）高层重要天气预报图 SWH

高层重要天气预报图的主要内容有：雷暴；热带气旋；强飑线；中度或强烈颠簸（云中或晴空）；中度或严重积冰；大范围的沙暴、尘暴；云顶高度在飞行高度 FL250 以上并与恶劣天气现象相关的积雨云；完全确定的辐合带地面位置；锋面系统的地面位置、移向、移速；对流层顶高度、对流层顶高点、地点高度；急流轴位置、高度、急流轴上最大风向、风速；火山爆发的地点、时间、火山灰云范围；对航空器飞行有重要影响的放射性物质意外释放到大气中的位置。

4.3　运行最低标准

4.3.1　机场运行最低标准

机场运行最低标准是指机场可用于起飞和进近着陆的运行限制，对于起飞用 RVR 和/或 VIS 表示，如果需要还包括云底高，对于精密进近和类精密进近，用 DA/DH 和 RVR/VIS 表示，对于非精密进近和盘旋进近，用 MDA/H 和 VIS 表示。

(1)精密进近(PA)：使用精确方位和垂直引导，根据不同运行类型规定相应标准的仪表进近。

(2)类精密进近(APV)：有方位引导和垂直引导，但不满足建立精密进近着陆运行的仪表进近。

(3)非精密进近(NPA)：有方位引导，但没有垂直引导的仪表进近。

(4)盘旋进近：为仪表进近的延续，飞机在仪表进近程序中不能直线进近着陆时，着陆前在机场上空保持目视着陆跑道或跑道环境并最终对正着陆跑道的机动飞行。

(5)连续下降最后进近(CDFA)：一种飞行技术，在非精密仪表进近程序的最后进近阶段连续下降，没有平飞，从高于或等于最后进近定位点高度/高下降到高于着陆跑道入口大约 15m(约 50ft)的点或者到该机型开始拉平操作的点。

(6)CDFA 特定决断高度/高(Designated Decision Altitude/Height, DDA/H)：使用 CDFA 技术进近时，为确保航空器在复飞过程中不低于公布的最低下降高度/高，由运营人确定的在公布的最低下降高度/高以上的某一高度/高(通常为 50ft)，当下降至此高度/高时，如果不具备着陆条件，飞行员应开始复飞。

(7)GLS：使用地基增强的 GNSS 信息给飞机提供进近和着陆引导的系统，它由 GNSS 提供水平和垂直位置，最后进近下降使用几何高度。

(8)增强目视系统(EVS)：通过使用微光增强、热发射、毫米波雷达、前向红外探测等图像传感器实时显示外部景象的系统。该图像可显示在 HUD 或驾驶舱其他仪表上。

(9)平视显示器(HUD)：HUD 是一种机载光学显示系统，可以把飞机飞行信息投射到飞行员视野正前方的透视镜上，使飞行员保持平视状态时，在同一视野中兼顾仪表参数和外界目视参照物。HUD 能增强飞行员的情景意识，提高飞行品质和低能见度条件下的运行能力。平视显示着陆系统(HUDLS)是基于 HUD 的一种引导系统，它能在 HUD 上显示额外的引导信息。显示的飞行和引导信息与驾驶员看到的外部视景相互叠加，使机组可以在平视状态下参照引导，还能按照相应运行类别要求的性能和可靠性完成人工着陆、起飞或与自动驾驶结合的混合着陆。

(10)飞机分类：飞机分类的标准是跑道入口时的指示空速 V_{at}，等于最大审定着陆重量构型下失速速度 V_{S0} 的 1.3 倍和失速速度 V_{S1g} 的 1.23 倍中的较大值，着陆构型由制造商或运营人定义。具体 A 类≤90kn；90kn＜B 类≤120kn；120kn＜C 类≤140kn；140kn＜D 类≤165kn；165kn＜E 类。

注意，飞机类别一旦确定，不因日常运行条件的变化而改变。因为受飞机选装设备、公司政策等影响，同一种机型中不同飞机的审定最大着陆重量是不同的，所以使得着陆形态下的失速速度略有不同，对于处于标准边缘的航空器，往往有不同的划分结果。经局方批准，运营人可以规定一个永久性的着陆重量限制(小于最大审定着陆重量)，并用该重量计算 V_{at} 以确定飞机类别，因此具体分类见公司手册。例如，B737 系列通常是 C 类，但是某些公司的 B737-800 却由于重量大、速度高，反而属于 D 类，类似的情况还有 CRJ200 飞机性能可以属于 D 类，但是支线航空机场通常只满足 C 类运行需要，为保证其在我国的有效运行，则在按规定减载后可以采用 C 类标准。

运营人所确定的机场运行最低标准一般不应低于局方批准的该机场最低标准。但如使用 HUD 或 EVS，经局方特殊批准，可以使用低于机场最低标准的标准。在确定具体机场最低标准时，运营人应当全面考虑飞机性能、机组技能、跑道及灯光条件、地形条件、最后进近航段的飞行技术等因素。如果在非精密进近中不使用 CDFA，运营人的最低标准一般应当在局方批准的机场最低标准上，A 类和 B 类飞机的 RVR/VIS 至少增加 200m，C 类和 D 类飞机的 RVR/VIS 至少增加 400m。

4.3.2 起飞最低标准

起飞最低标准通常只用 VIS/RVR 表示。基本起飞最低标准为：对于一二发飞机，VIS/RVR1600m(其中，一发飞机的云底高不低于 100m)；对于三四发飞机，VIS/RVR 为 800m。

如果在仪表离场程序中规定一个安全飞越障碍物所要求的最小爬升梯度，并且飞机能满足规定的爬升梯度，那么起飞最低标准才可以只用能见度表示。如果在起飞离场过程中必须看清和避开障碍物(包括不公布程序设计梯度 PDG 的近距障碍物)，那么起飞最低标准应当包括 VIS/RVR 和云高，并在公布的离场程序图中标出该障碍物的确切位置。

机场用于起飞的最低标准不得小于飞机发动机失效时机场可用着陆方向着陆的最低标准，除非有适用的起飞备降机场。如果飞机在起飞中任何一点关键发动机失效后能够停住，或者能够以要求的越障余度继续起飞至高于机场 450m(1500ft)，则起飞最低标准为 RVR400m(需要跑道边灯、末端灯和中心线)。若无 RVR 测报，则可用 VIS 最低值为 800m。

起飞标准要求 A 类飞机必须有接地区的 RVR 报告，B、C 类飞机必须有接地区和中间点两个位置的 RVR 报告，D 类飞机必须有接地区、中间点和停止端三个位置的 RVR 报告，并且所需的 RVR 报告都不小于规定值。如果需要实施 RVR 低于 400m 的低能见度起飞标准，就需要机场具备相应程序。

从备降机场起飞时，天气条件应当不低于航空公司运行规范中对于该机场规定的最低天气标准。但是如果由于特殊原因，航空公司使用了未列入运行规范的机场紧急降落，那么在未列入运行规范的机场起飞时，应当符合下列条件：

(1) 该机场和有关设施适合于该飞机运行；

(2) 驾驶员能遵守飞机运行适用的限制；

(3) 飞机已根据适用于经批准的机场实施运行的签派规则予以签派；

(4) 该机场的天气条件等于或者高于该机场所在国政府批准的或者规定的起飞最低

天气标准，或者如果该机场没有批准的或者规定的标准，那么云高/能见度等于或者大于240m/3200m(800ft/2mile)(1mile=1609.344m)，或者 270m/2400m(900ft/1.5mile)，或者300m/1600m(1000ft/1mile)。

4.3.3 进近最低标准

非精密进近是指使用 ILS(GP 不工作)、RNP(LNAV)、VOR、VOR/DME、NDB、NDB/DME 导航设施的进近。非精密进近的最低标准应当包括最低下降高度/高和能见度两个要素，其具体的数值可以在航图中各类非精密进近程序的仪表进近图中获得。

类精密进近是使用气压垂直导航的 RNP APCH 或 RNP AR 程序，除非特殊批准，否则其 DH 不低于 75m(250ft)，RVR/VIS 不低于 800m。类精密进近由于使用气压高度表，受到低温、气压拨正、地球曲面等因素影响，所以进近方法类似，但是定位精度低于精密进近。

精密进近是指使用 ILS 或 GLS 提供方位和下滑引导的进近。精密进近的高度引导数据来源于无线电信号测定的几何高度，其精度高于气压高度表。精密进近的最低标准应当包括决断高度/高(DA/DH)、跑道视程(RVR)或者能见度。在装有 RVR 的跑道上，精密进近最低标准用 DA/DH 和 RVR 表示。根据 DH 和 RVR 或 VIS 分为以下类别。

(1) Ⅰ类运行：DH 不低于 60m(200ft)，VIS 不小于 800m 或 RVR 不小于 550m。

(2) Ⅱ类运行：DH 低于 60m(200ft)但不低于 30m(100ft)，RVR 不小于 300m。

(3) ⅢA 类运行：DH 低于 30m(100ft)或无决断高，RVR 不小于 175m。

(4) ⅢB 类运行：DH 低于 15m(50ft)或无决断高，RVR 小于 175m 但不小于 50m。

(5) ⅢC 类运行：无决断高和无跑道视程限制。

(6) 使用 HUD 实施特殊批准Ⅰ类精密进近运行：在 RVR 不低于 450m(1400ft)，DH 不低于 45m(150ft)条件下，在降低灯光要求的Ⅰ类精密进近跑道上，使用 HUD 至 DH 的Ⅰ类进近。

(7) 使用 HUD 实施特殊批准Ⅱ类精密进近运行：在不符合标准Ⅱ类运行环境的跑道上，使用自备引导至接地能力的 HUD 或结合自动驾驶引导至接地能力的 HUD，实施 RVR 不低于 350m(1200ft)，DH 不低于 30m(100ft)的Ⅱ类运行。

精密进近最低标准中使用的跑道视程以接地区跑道视程为准，跑道中部跑道视程和跑道停止端跑道视程报告作为参考。

除非飞行员能够清楚看见并识别拟用跑道的进近灯光、跑道入口或其他局方认可的任一目视参考，可以充分判断相对预定飞行航迹的飞机位置和高度，否则不得下降至决断高度以下。

4.3.4 备降机场的计划最低标准

备降机场是当飞机不能或不宜飞往预定着陆机场或在该机场着陆时，可以飞往的另具备必要的服务与设施、可满足飞机性能要求以及在预期使用时间可以运行的机场。

备降机场包括起飞备降机场、目的地备降机场和航路备降机场。起飞机场也可作为该次飞行的航路或目的地备降机场。

1. 起飞备降机场

起飞备降机场指当飞机在起飞后较短时间内需要着陆而又不能使用原起飞机场时，能够进行着陆的备降机场。如果起飞机场的气象条件低于合格证持有人运行规范中为该机场规定的着陆最低标准，那么在签派或者放行飞机前应当按照下述规定选择起飞备降机场：

(1)对于双发动机飞机，备降机场与起飞机场的距离不大于飞机使用一发失效时的巡航速度在静风条件下飞行 1h 的距离；

(2)对于装有三台或者三台以上发动机的飞机，备降机场与起飞机场的距离不大于飞机使用一发失效时的巡航速度在静风条件下飞行 2h 的距离。

2. 目的地备降机场

目的地备降机场指当飞机不能或者不宜在预定着陆机场着陆时能够着陆的备降机场。

按照仪表飞行规则签派飞机飞行前，应当在签派单上至少为每个目的地机场列出一个备降机场。当目的地机场或者第一备降机场的天气条件预报处于边缘状态时，应当再指定至少一个备降机场。但是，如果天气实况报告、预报或者两者的组合表明，在飞机预计到达目的地机场时刻前后至少 1h 的时间段内，该机场的云底高度和能见度符合下列规定，并且在每架飞机与签派室之间建立了独立可靠的通信系统进行全程监控，则可以不选择目的地备降机场：

(1)机场云底高度至少在公布的最低仪表进近最低标准中的最低下降高(或者决断高)之上 450m(1500ft)，或者在机场标高之上 600m(2000ft)，取其中较高值；

(2)机场能见度至少为 4800m(3mile)，或者高于目的地机场所用仪表进近程序最低的适用能见度最低标准 3200m(2mile)，取其中较大者。

对于国际定期载客运行的目的地备降机场，除上述规定外，还要求预定的飞行不超过 6h 才可不选择目的地备降机场。

3. 航路备降机场

航路备降机场是指当飞机在航路中遇到不正常或者紧急情况后，能够着陆的备降机场。因此在延程运行，或航路飘降越障性能限制时，需要航路备降机场。

在飞机计划运行的航路上至少存在一点到任一可选备降机场的距离超过飞机在标准条件下静止大气中，以经批准的一台发动机不工作时的巡航速度飞行 60min 对应的飞行距离(以两台涡轮发动机为动力的飞机)或超过 180min 对应的飞行距离(以多于两台涡轮发动机为动力的载客飞机)的运行称为延程运行。

4. 备降机场最低天气标准

在按照 CCAR-121 部实施的运行中，对于签派或者飞行放行单上所列的备降机场，由相应的天气实况报告、预报或者两者的组合表明，当飞机到达该机场时，该机场的天气条件应等于或者高于航空公司运行规范规定的备降机场最低天气标准。

在运行规范中，签派或者放行的标准应当在经批准的该机场的最低运行标准上至少增加下列数值，作为该机场用作备降机场时的最低天气标准：

(1)对于至少有一套可用进近设施的机场，其进近设施能提供直线非精密进近程序、直线类精密进近程序或直线Ⅰ类精密进近程序，或在适用时可以从仪表进近程序改为盘旋机动，最低下降高(MDH)或者决断高增加120m(400ft)，能见度增加1600m(1mile)；

(2)对于至少有两套能够提供不同跑道直线进近的可用进近设施的机场，其进近设施能提供直线非精密进近程序、直线类精密进近程序或直线Ⅰ类精密进近程序，应选择两个服务于不同适用跑道的进近设施，在相应直线进近程序的决断高或最低下降高较高值上增加60m(200ft)，在能见度较高值上增加800m(1/2mile)。

注意，上述标准的核心在于研究机场具有一套还是两套可用的进近设施，飞行签派员在确定备降机场天气标准时，应当考虑风、条件性预报、最低设备清单条款限制等影响因素。

(1)应当考虑风的方向和风速(包括阵风)，以确认跑道的适用性，若跑道某方向顺风超标，则该跑道不可用。例如，某机场跑道RWY18，当前预报09010MPS，实况09010G20MPS，那么因为A320的侧风标准是不超过19m/s，所以该跑道不可用。

(2)气象预报中的“TEMPO”因为被认为是短时波动，可以通过空中等待方式规避，所以可以不考虑，但是对于“BECMG”和时间段范围，应当采取保守原则，认为在该时间段的最早时间变坏、最晚时间段变好。例如，“0800 BECMG 0103 1600”表示“能见度800m，在1时至3时之间逐步变化为1600m”，在签派放行中应当保守认为在2时59分能见度仍为800m，在此期间放行航空器不可以认为机场已经具备1600m的能见度水平。

(3)我国全部民航运输机场具备PBN飞行程序，但是基于同一GNSS星座的仪表进近程序应当作一套进近导航设施，目前阶段我国民航飞机星基导航全部基于美国GPS系统，尚未使用北斗或格洛纳斯系统。因此，如果某机场全部传统导航设备停用，那么即使跑道的两个方向都具有RNP APCH程序，也只能认为该机场只有一套进近设施；如果目的地机场全部传统导航设备停用，那么选择的备降机场，就不可以是仅有PBN进近方式。因此，如果选择具备基于GNSS导航源的类精密进近程序的机场作为备降机场，计算备降机场天气标准时，应当经过局方批准并确保以下几个方面：

① 机组和飞机具备执行相应进近程序的资格；

② 在签派或放行时，不得在目的地机场和备降机场同时计划使用类精密进近程序；

③ 对使用基于GNSS导航源的类精密进近程序的机场，应当检查航行资料或航行通告并进行飞行前接收机自主完好性(RAIM)预测；

④ 对于使用RNP-AR程序的备降机场，计算备降机场天气标准所基于的RNP值不得低于RNP0.3；

⑤ 在目的地机场有传统进近程序可用。

(4)我国的南京、北京、郑州、昆明、成都、武汉、杭州、西安等的机场具有Ⅱ类精密进近。北京大兴机场、上海浦东机场、乌鲁木齐地窝堡机场还具有Ⅲ类精密进近。例如，选择具备Ⅱ类或Ⅲ类精密进近的机场作为备降机场计算备降机场天气标准，首先必须确保机组和飞机具备执行相应进近程序的资格和能力。此时签派或者放行标准应按以下数值确定计划标准：

① 对于具有至少一套Ⅱ类精密进近程序的机场，云高不得低于90m，能见度或跑道

视程不得低于 1200m；

② 对于具有至少一套Ⅲ类精密进近程序的机场，云高不得低于 60m，能见度不得低于 800m，或云高不得低于 60m，跑道视程不得低于 550m。

举例：

某单跑道机场跑道编号 09/27，对于 C 类飞机使用的导航设备和运行标准如下：

09 ILS DH 60m RVR/VIS 800m 27 ILS DH 80m RVR/VIS 1200m

09 NDB MDH 200m VIS 3600m 27 NDB MDH 250m VIS 4600m

09 LNAV MDH 150m VIS 2600m 27 LNAV MDH 200m VIS 3600m

(1) 该机场作为备降机场所需的备降标准。

解释：①该机场至少有两套能够提供不同跑道直线进近的可用进近设施的机场(09 和 27 均有 ILS 设备)，备降标准应在 27 号 ILS 标准上增加 60/800，因此备降标准为 140/2000。②该机场至少有一套可用进近设施的机场，备降标准应在 09 号 ILS 标准上增加 120/1600，因此备降标准为 180/2400。③在上述两个最低标准之间取较小值，因此最终确定备降标准为 140/2000。

(2) 若该机场 09 号 ILS 不工作，该机场作为备降机场所需的备降标准。

解释：该机场至少有一套可用进近设施的机场，备降标准应在 27 号 ILS 标准上增加 120/1600，因此备降标准为 200/2800。

4.3.5 导航设施的降级和故障对着陆最低标准的影响

(1) 仪表着陆系统下滑台(GP)不工作，则按照非精密进近实施，使用仪表着陆系统下滑台不工作的着陆最低标准；如果仪表着陆系统地面航向台不工作，则不允许使用仪表着陆系统进近。

(2) 接地区跑道视程设备不工作，可以由跑道中部的跑道视程报告代替，也可以由人工观测跑道着陆方向的能见距离代替。

(3) 如果整个跑道灯系统不工作，那么不允许做Ⅱ类和Ⅲ类运行，且Ⅰ类和非精密进近只允许在白天进行。如果跑道边灯不工作，那么所有各类运行只允许在白天进行。如果跑道中线灯不工作，那么对Ⅰ类和非精密进近的着陆最低标准无影响；不允许Ⅱ类和Ⅲ类运行。

(4) 如果接地区灯不工作，那么对Ⅰ类和非精密进近的着陆最低标准无影响；不允许Ⅱ类和Ⅲ类运行。

所有因目视或非目视设施发生临时故障而影响到着陆最低标准的数值改变，空中交通管制员必须及时通知起飞离场和进近着陆的飞机驾驶员，若短时间内无法修复故障，应尽快发布航行情报。

4.3.6 新机长最低天气标准

如果机长在其驾驶的某型别飞机上作为机长按照 CCAR-121 部运行未满 100h，那么被称为新机长。如果该驾驶员在另一型别飞机上作为机长在按照 CCAR-121 部实施的运行中至少已飞行 100h，那么该机长可以用在本型飞机上按照 CCAR-121 部实施运行中的一次着陆，去取代必需的机长经历 1h，减少所要求的 100h 的机长经历，但取代的部分不得超过 50h。

机长是飞机上的技术权威，新机长表明飞行机组能力薄弱，因此需要保证此次飞行具有较好的运行环境。航空公司运行规范中，对于正常使用机场、临时使用机场或者加油机场规定的最低下降高或者决断高和着陆能见度最低标准，新机长必须分别增加 30m(100ft)和 800m(1/2mile)或者等效的跑道视程。对于用作备降机场的机场，最低下降高或者决断高和能见度最低标准无须在适用于这些机场的数值上增加，但是任何时候，着陆最低天气标准不得小于 90m(300ft)和 1600m(1mile)。

思 考 题

1. 航空公司航行情报工作包括哪些内容？

2. 解释 AIP、AIC、SUP、NOTAM、PIB、APV、PA、CFDA、HUD、EVS、GLS。

3. 机场起飞最低标准和着陆最低标准分别在哪张航图中？

4. 发布航行通告的目的是什么？

5. 航行通告对运行控制的影响主要有哪些？

6. 常见的危险天气有哪些？什么是地面结冰条件？

7. 如何基于天气实况报文判断机场的使用跑道？

8. SPECI 报和 SPECAL 报的区别是什么？

9. 起飞最低标准包括什么内容？在未列入运行规范的机场起飞时，应当符合什么条件？

10. 精密进近最低标准是什么(包括使用 HUD 实施特殊批准的类别)？

11. 起飞备降机场的距离要求是什么？不选择目的地备降机场的条件是什么？何时必须使用航路备降机场？

12. 备降机场最低天气标准是什么？尤其是在风向和天气短时波动、PBN 程序、II 类运行条件下。

13. 导航设施的降级和故障对着陆最低标准主要有何影响？

14. 什么是新机长？新机长的仪表飞行规则着陆最低天气标准是什么？

15. 某单跑道机场跑道编号 11/29，对于 C 类飞机使用的导航设备和运行标准如下，请回答以下问题：

11 ILS DH 70m RVR/VIS 900m 29 ILS DH 90m RVR/VIS 1400m

11 VOR MDH 300m VIS 5000m 29 VOR MDH 350m VIS 5000m

11 LNAV MDH 180m VIS 3200m 29 LNAV MDH 300m VIS 5000m

(1) 该机场作为备降机场所需的备降标准；

(2) 若该机场 29 号 ILS 不工作，该机场作为备降机场所需的备降标准；

(3) 若该机场 VOR 不工作，该机场作为备降机场所需的备降标准；

(4) 若该机场对 PBN 进近能力的接收机自主完好性监视(RAIM)预测不通过，该机场作为备降机场所需的备降标准。

第5章　运行限制

为了确保航空公司的运行具有合格的安全水平，民航局对航空器、机组和飞行航路的空中交通管制等方面提出严格的规定。这些规定要求构成的运行限制，是在签派放行和运行控制工作中的重要约束条件。运行控制人员必须认真分析限制的类型及影响程度，找出满足限制条件下的最佳运行方式。

5.1　飞机要求

航空器是指由空气的反作用而不是由空气对地面发生的反作用在大气中取得支承的任何机器，包括飞机、旋翼机、直升机、滑翔机、自由气球和飞艇等。

飞机，是指动力驱动的重于空气的一种航空器，其飞行升力主要由给定飞行条件下保持不变的翼面上的空气动力反作用取得。旋翼机，是指一种重于空气的航空器，其飞行升力主要由一个或几个旋翼上的空气反作用取得。直升机，是指一种重于空气的航空器，其飞行升力主要由在垂直轴上一个或几个动力驱动的旋翼上的空气反作用取得。

实施国内、国际定期载客运行和补充运行不得使用单台发动机的飞机，应当使用型号合格审定为运输类或通勤类的多发飞机。航空公司运行的飞机通常应当是在中华人民共和国登记的民用飞机(经过民航局审批合格，航空公司也可以租用不含机组人员的国际民用航空公约缔约国所属的某一国家登记的民用飞机)，并携带现行有效的适航证、国籍登记证和无线电电台执照，处于适航状态并符合涉及民航管理的规章适用的适航要求。

飞机适航是指航空器适合在空中飞行的性质或性能。只有适航性达标，才允许飞机飞行。但是适航管理并不等同于完全完成飞机维护工作，在实际运行中，机务工程人员虽然努力试图完成飞机维护工作，但是总会有一些故障来不及在执行飞行任务前完成，此时就需要飞行签派员和机长综合分析飞行任务情况，利用 MEL 和 CDL 规范飞机的带故障运行。因此，飞机是否可以满足运行需要，不仅需要机务人员分析飞机本身，还需要运行控制人员分析任务特点，从而综合判断运行的安全性。

5.1.1　仪表和设备的要求

公共航空运输的飞机应当具备规定的安全运行保障设备，CCAR-121 部对以下方面的仪表和设备提出规范，包括高度表和转速表等基本飞行导航和发动机指示仪表设备、灭火器和扩音器等应急设备、机内广播和内话设备、座椅安全装置、高度保持和告警设备、夜间及仪表飞行所需灯光等设备、氧气设备、跨水运行应急救援设备、气象雷达和低空风切变告警系统、近地警告/下滑道偏离警告系统、地形提示和警告系统(TAWS)、机载防撞系统(ACAS)、快速存取记录器、飞行数据记录器、驾驶舱话音记录器等。

1. 通信记录设备

旅客座位数大于 99 座的飞机应当安装空地双向数据通信系统，能够满足在正常运行条件下，飞机在整个航路上的所有位置，都可以在 4min 内建立与签派单位、空中交通管制单位之间可靠的语音通信联系。

除经局方批准外，对于最大起飞重量超过 27t 的飞机，计划在中国情报区以外进行飞行运行的部分，必须具备至少每 15min 通过自动报告对飞机位置进行追踪的能力。

为了能够在出现不安全状况后调查原因，飞机必须分别安装独立的飞行数据记录器和驾驶舱话音记录器。飞行数据记录器从使用检查单起(为飞行而起动发动机之前)，到飞行结束完成最后检查单止始终连续工作。驾驶舱话音记录器应当至少能够保存最后 2h 运行中所记录的信息(部分老旧机型可以降为 30min)，一旦发生了导致飞行终止、需要立即通知局方的事故或者事件，航空公司应当至少将所记录的内容保留 60 天，或者按照局方要求保留更长的时间。

此外，所有运行的飞机应安装一个经局方批准的快速存取记录器(QAR)或等效设备，并制定飞行品质监控程序，以便快捷地从飞行数据记录器中读取某次飞行的相关信息，作为航空公司安全管理体系的组成部分。QAR 监控是保障飞行安全、提高运营效率的一项科学而有效的技术手段，其监控结果是飞行技术检查、安全评估、安全事件调查和维护飞机的重要依据。在 QAR 的帮助下，航空公司能够及时发现飞行中机组操纵、发动机工作状况以及航空器性能等方面存在的问题，分析查找原因和采取针对性措施，从而消除事故隐患，确保飞行安全。同时航空公司也应当定期向负责合格证管理的民航地区管理局职能部门报告其通过飞行品质监控得到的统计数据和趋势分析报告，局方认为必要时可随时查阅或分析快速存取记录器的原始数据。

2. 应急救援设备

1)跨水运行

跨水运行是指距最近海岸线的水平距离超过该飞机滑翔距离，或机场起降航线处于水面上空，局方认为飞机发生不正常情况时有可能迫降水上而提出特殊要求的运行。此种运行要求飞机应当携带足够供机上每位乘员使用的、配备幸存者定位灯的救生衣或者等效漂浮装置。

延伸跨水运行是指距最近海岸线的水平距离超过 93km(50n mile)的跨水运行。此种运行要求除需携带要求的救生衣外，还需携带足以在损失了一条额定容量最大的救生筏后，还能容纳飞机上的全体乘员的救生筏，每个救生筏应当配备至少一个烟火信号器、有经批准的幸存者定位灯和适于所飞航路的救生包，以及至少一部经批准的救生型应急定位发射器。

2)无人烟地区上空飞行

在无人烟地区上空或者在局方规定的需要配备紧急情况下进行搜寻和救援的设备的任何其他地域上空(局方在该航空公司的运行规范中规定)实施运行时，该飞机应当装备适当的烟火信号器、救生型应急定位发射器，以及根据所飞航路和飞机上乘员数量的足够救生包。

3)应急撤离

在载客飞行中所用的旅客座位数大于44座的每个型号的飞机，必须能够使包括机组成员在内的满载量乘员在90s(含)以内撤离飞机。因此飞机上除正常出口外，还需要增设应急出口。为了保证能够安全顺畅地撤离，机身同侧任何旅客应急出口与相邻旅客应急出口之间的距离应当不超过18.3m(60ft)。当飞机停放于地面且起落架放下时，应急出口(机翼上方的应急出口除外)距地面高度超过183cm(6ft)的每一载客陆上飞机，应当有经批准的可以帮助机上人员撤到地面的设施(逃生绳、充气滑梯)。

5.1.2 可靠性和MEL概念

航空公司应当对飞机的适航性负责，应当建立一个维修系统来保证其飞机持续符合型号设计要求及有关涉及民航管理的规章中的维修要求。该系统应当由维修副总经理负责组织落实其飞机适航性责任，并由总工程师负责落实其飞机工程技术管理责任，具备必要的机构、设施、工具设备、器材、人员和工作程序来实施或者安排维修工作。

在飞机运营过程中不可避免地出现突发故障，计划的维修工作过程中也会遇到一些意想不到的情况，为避免这些情况对经济性和航空器运行成本的过多影响，航空公司多采用保留这些故障来提高航班的正常性和计划性。

所谓保留故障，是指航空器在飞行后或维修检查中发现的故障、缺陷，因工具设备、器材短缺或停场时间不足等，在起飞前没有排除的故障项目。

现代航空器的设计和维修思想都是以可靠性为中心的，在这种情况下安全水平是以整体的可靠性水平作为衡量的标准，而不仅仅以事故发生的概率来衡量，排除航空器运行中出现的故障和按照要求进行必要的维修工作都是为了保持这种可靠性水平。因此，允许在一定的时间内，在整体可靠性水平不低于预期的安全水平的情况下，部分航空器可以保留一些故障或者维修工作项目继续运行。

保留故障通常有以下两种情况。

一是设备不工作，但是设备仍然在飞机上。所谓设备不工作，是指某一系统或者其部件因发生故障已不能完成预定的任务或者不能按照它原来经批准的工作极限或容差范围持续正常地工作。例如，飞机上的空调发生故障，此时需要以最低设备清单(Minimum Equipment List，MEL)为依据。

二是飞机上的某种部件丢失了，例如，机翼上的放电刷或机身检修舱门盖板被气流吹走了，此时需要以构型偏离清单(Configuration Deviation List，CDL)为依据。

MEL和CDL的格式基本相同，一般而言，MEL一般单独成册，CDL一般位于该机型的飞行手册中。下面主要介绍MEL的要求和使用方法。

1. MEL的来源

若制造厂家希望让其制造的航空器能在特定设备项目不工作的情况下实施运行，则应当把首先起草的主最低设备清单建议书(Proposed Master Minimum Equipment List，PMMEL)，提交给局方飞行运行评审委员会作为制定主最低设备清单(Master Minimum Equipment List，MMEL)的基础。

主最低设备清单是指民航局批准的在特定运行条件下可以不工作仍能保持可接受的

安全水平的设备项目清单。MMEL 包含这些设备项目部工作时航空器运行的条件、限制和程序，是航空公司制定各自最低设备清单的依据。

主最低设备清单确定了在保持航空器安全水平的情况下哪些设备项目可以处于不工作状态，这种安全水平是针对航空器型号审定并在审定基础中明确最低标准的具体运行类型而言的。应该指出的是，虽然适航标准要求在设计航空器时应带有特定系统和部件，但是如果航空器能够达到型号审定要求的安全水平，主最低设备清单也允许在某些设备项目不工作时航空器能够进行短时间的运行。

MEL 是指运营人依据 MMEL，并考虑基于航空公司具体的航空器设备、构型、运行条件、所飞航路和民航局的有关要求为其运行所编制的设备项目清单。

MEL 经局方批准后，允许航空器在规定条件下，所列设备项目不工作时继续运行。MEL 应当遵守相应航空器型号 MMEL 的限制，或比其更为严格。MEL 相比于 MMEL 的特点包括以下方面。

(1)限制相同或更为严格：运营人的 MEL 限制不得低于 MMEL、中国民用航空规章、运行规范、经批准的飞行手册或适航指令的限制。

(2)具有针对性：运营人的 MEL 中的操作程序和维修程序应只适用于其自身航空器及其所实施的运行。

(3)满足适用性：MEL 应满足对运营人进行运行合格审定及运行时所适用的运行规章。

2. MEL 的制定

1)MEL 的编制目的

运营人为了运行带有不工作设备项目或者设备项目缺损的航空器应当编制 MEL，并在获得局方的批准后按照 MEL 运行。针对某一具体型号和构型的航空器，运营人应当基于民航局批准或者认可的 MMEL 制定本公司的 MEL。

2)MEL 的编制要求

制定 MEL 时，应当充分考虑航路结构、地理位置、具有备用航材和维修能力的机场数量，并且不得低于 MMEL 的限制。

MEL 仅包含按照运行规章要求或者对航空器适航性是重要的，但可以在签派或者放行前不工作的设备项目，并且遵守相应的程序和限制。

MEL 中不能包括的项目有：那些明显影响航空器适航性的基本设备，如机翼、方向舵、襟翼、发动机等，这些设备对所有飞行情况都必须工作；涉及审定维护要求、适航限制项目的维修工作项目；涉及影响飞行机组正常操作或增加其工作负荷的维修工作项目；在保留期限内没有计划的维修工作使得保留工作的完成具备可接近性的工作项目。

3)MEL 的编制内容

(1)安装数量。

MEL 中应当标明安装在航空器上的某一设备项目的数量，如果某一 MEL 针对多架航空器，并且设备项目安装的数量是变化的，此栏目可用“—”标示，并以其他方式具体注明每一架航空器上的设备项目安装数量。

(2) 放行要求数量。

MEL 中应当标明签派或者放行航空器要求正常工作的某一设备项目的数量，此栏目的数量应当是直接转抄 MMEL 相应设备项目签派或者放行要求正常工作的数量。除非在 MMEL 中标明签派或者放行要求数量为可变的数量或在“备注和例外”栏目中给出了具体确定签派或者放行要求数量的方法。

(3) 修复期限。

除管理控制项目和乘客便利项目外，每一 MEL 列出的设备项目都应当按照 MMEL 设定的类别注明修复期限类别。“修复期限类别”给定下述修复期限。

“A”类：没有规定标准的期限，但此类应当按照本最低设备清单第 5 栏“备注和例外”规定的限制内完成修复工作。当规定了时间段时，应当在发现次日当地时间 00:01 时开始计算。

“B”类：此类项目应在 3 个连续的日历日 (72h) 内完成修复工作，不包括发现当日。

“C”类：此类项目应在 10 个连续的日历日 (240h) 内完成修复工作，不包括发现当日。

“D”类：此类项目应在 120 个连续的日历日 (2880h) 内完成修复工作，不包括发现当日。

注意，这并不意味着各航空运营人都可以无限制地保留故障或者维修工作项目来提高运行的效益，而是必须按照一定的规则进行保留并且尽可能早地改正这种情况，以保持整体的可靠性水平。

(4) 操作程序和维修程序。

MEL 应对 MMEL 中标注出操作程序 (O) 和维修程序 (M) 的设备项目进行明确说明，包括完成每一程序必需的具体步骤的描述，如果这些程序不包括在 MEL 中，应当标明具体参考文件的位置。对于某些航空器，通常这些程序会直接包括在制造厂家的资料中，如签派偏离程序指南 (DDPG)、签派偏离指南 (DDG) 等，如果制造厂家没有提供这些资料，则应当由运营人负责制定适合自己的程序。

(5) 备注和例外。

当 MMEL 的“备注和例外”栏引用有关中国民用航空规章的某些要求时，如“按规章要求”，MEL 中应当明确中国民用航空规章的具体要求，并且不能径直引用相应的规章标识。

对于不包含于 MMEL 的乘客便利项目，运营人可根据控制的需要列入 MEL 中，这些设备项目没有对应着具体的修理期限类别，运营人应当在合理的期限内完成修理，但应考虑如果乘客便利项目具有附加的功能，例如，使用电影放映设备进行客舱简述，则运营人应当制定并使用相应的应急程序，以便对设备的故障情况进行等效处理。

4) MEL 的批准

航空公司制定的 MEL 应当向局方主任运行监察员或者主任维修监察员申请批准，并提供完整的 MEL 副本。主任运行监察员在审查确认运营人的 MEL 符合要求后，将以在控制页签批的形式予以批准，并在其相应的运行规范中列出批准其使用。

3. MEL 的使用

1) MEL 使用的基本原则

MEL 是为在特定条件下签派或者放行带有不工作设备项目或功能的航空器运行的一份偏离性文件，对于未包含在 MEL 内，但与航空器适航性有关的所有设备项目都应当处于工作状态。MEL 是运行中航空器的放行标准，不能作为维修工作的依据。

对于签派或者放行已经完成，但航空器以自身的动力开始移动前发生的故障或者缺陷，机长应当按照 MEL 进行处理，并且获得新的或者修正的签派或者放行和必要的适航放行，新的或者修正的签派或者放行应当包括有关设备项目不工作的必要限制。

对于飞机以自身动力开始移动后至设置起飞推力前出现的故障或缺陷，飞行机组必须参考 MEL 进行评估：

(1) 若该故障或缺陷不能按照 MEL 签派放行，不得继续飞行；

(2) 若该故障或缺陷可以按照 MEL 签派放行，按以下条件决定是否继续飞行，并通知飞行签派员更改初始签派放行(若飞行机组无法与飞行签派部门建立联系，机长可以独立更改初始签派放行并尽快通报飞行签派部门)：

①若适用的 MEL 条款没有“O”程序和“M”程序，机长确认满足附加放行条件(如有)后，可以继续飞行；

②若适用的 MEL 条款仅有“O”程序，机长确认完成“O”程序且满足附加放行条件(如有)后，可以继续飞行；

③若适用的 MEL 条款有“M”程序，一般情况下不得继续飞行，除非飞行机组在有资质的飞机维修人员指导下完成“M”程序且满足附加放行条件(如有)；

④评估是否可以继续飞行时，还应考虑目的地机场的地面保障能力及机务维修能力等因素。

MEL 不适用于处置飞行过程中发生或者发现的故障或缺陷，在飞机设置起飞推力后，飞行机组应当按照经批准的飞行手册操作，并且机长有权力决断是否继续飞行。

2) MEL 使用责任

飞行机组应当在飞行前能够获得并直接查阅 MEL。最低设备清单的条件和限制不代表解除由机长判断航空器在某些 MEL 允许不工作的情况是否能安全运行的决定。

机长决定在飞行前纠正允许不工作的设备项目将优先于最低设备清单的规定。对于某次飞行，在当时的具体条件下，如果机长判断额外的设备项目对安全是重要的，那么机长可以提出高于最低设备清单的要求。

最低设备清单的规定仅适用于航空器开始飞行以前，任何对于在开始飞行以后出现故障或者不工作情况是否继续飞行的决定，必须基于飞行机组的判断和飞行技术，可以参考飞行手册中快速检查单(QRH)来处置。在适用的情况下，机长还可以参考和使用 MEL 来判断降落机场的维修保障能力，从而选择合适的备降机场以继续飞行。

3) 操作程序和维修程序

操作程序(O)表示在计划或者实施运行时应当完成的具体运行程序要求，一般由飞行机组完成，在某些情况下也可由运营人授权其他具有资格的人员完成。

维修程序(M)表示在投入运行前应当完成的具体维修程序要求，一般由维修人员完成，在某些情况下也可由运营人授权其他具有资格的人员完成，但要求完成人员具有专业知识或技能、要求使用工具或测试设备时应当由维修人员完成。

除非特别规定以外，不得从航空器上拆下不工作设备项目或者部件。

4) 故障保留和纠正期限的延迟

当按照 MEL 签派或者放行带有不工作设备项目或者设备项目缺损的航空器时，应当按照 CCAR-121 部的规定对保留故障进行控制。对于修理期限类别为 B、C 类的项目，可以在获得主任维修监察员批准的情况下将纠正期限延迟一次同样的周期，并且不得再次延迟。

5) MEL 和 AD 的冲突

适航指令(AD)是在型号合格审定后，由适航当局针对在某一民用航空产品(包括航空器、航空发动机、螺旋桨及机载设备)上发现的，很可能存在或发生于同型号设计的其他民用航空产品中的不安全状态，所制定的强制性检查要求、改正措施或使用限制，其内容涉及飞行安全，若不按规定完成，则有关航空器将不再适航。

当 AD 适用于某一按照 MEL 可以不工作的设备项目时，不能因此来回避或者延迟 AD 的符合性，若确实需要延迟对 AD 的符合性，则按照 AD 延迟申请批准。当 AD 规定要求在某些设备项目安装或者工作的情况下才可以运行时，尽管按照 MEL 允许其不工作，也应当符合 AD 的要求。

注：最低设备清单不意味着可以偏离任何适用的 AD 或者局方的任何其他强制要求，并且不低于主最低设备清单的限制。

6) 部件之间的关联

当 MEL 允许某一系统不工作时，该系统的单独部件也同样允许不工作；但当 MEL 允许某一系统内的单独部件不工作时，不代表该系统也同样允许不工作。

尽管 MEL 分别允许某些设备项目不工作，但最低设备清单不能考虑到所有的多个部件不工作的情况，因此，在签派或者放行多个 MEL 设备项目不工作之前，运营人应当考虑这些不工作设备项目之间的相互影响、机组工作负荷和飞行限制，应当确认不工作设备项目之间的关联和干扰不会造成安全水平的降低和过多加重机组的工作负荷。

5.2 性能要求

5.2.1 起飞性能分析

机组总是应该考虑到在起飞时出现发动机故障的可能性，而且一旦发生这样的故障，应该有恰当的手段来确定最安全的程序。因此确定性能时必须考虑地面加速阶段可能出现的最关键发动机故障。所谓关键发动机指的是其故障会对飞机性能或操纵品质产生最恶劣影响的发动机，如四发飞机的外侧发动机。因此在 CCAR-25 部中对起飞阶段关键发动机不工作时的飞行适航性能做出规定，而 CCAR-121 部在其基础上进一步提出了有关的运行性能要求。这些要求主要包括速度、跑道、爬升越障和外部因素等。

1. 起飞性能规章限制要求

(1) 涡轮发动机驱动的飞机，不得以大于该飞机飞行手册中对应于该机场气压高度，以及起飞时环境温度所确定的重量起飞。

(2) 涡轮发动机驱动的运输类飞机，不得以大于该飞机飞行手册中规定的重量起飞，该重量应当保证飞机符合下列各项要求。

①加速停止距离不得超过跑道长度加上停止道的长度。

②起飞距离不得超过跑道长度加上净空道长度，但净空道长度不得大于跑道长度的一半。

③起飞滑跑距离不得大于跑道长度。

(3) 涡轮发动机驱动的飞机，不得以大于该飞机飞行手册中所确定的某个重量起飞，在该重量下，预定净起飞飞行轨迹以 10.7m(35ft)的余度超越所有障碍物，或者能以一个特定距离侧向避开障碍物。该特定距离的值为下列两项中规定值的较小值：

①90m(300ft)＋0.125D，其中 D 是指飞机离可用起飞距离末端的距离值；

②对于目视飞行规则飞行，预定航迹的航向变化小于 15°时，为 300m，预定航迹的航向变化大于 15°时，为 600m；对于仪表飞行规则飞行，预定航迹的航向变化小于 15°时，为 600m，预定航迹的航向变化大于 15°时，为 900m。

(4) 在确定最大重量、最小距离和飞行轨迹时，应当对拟用的跑道、机场的标高、有效跑道坡度和起飞时的环境温度、风的分量进行修正。

2. 起飞性能限制因素

1) 跑道限制

(1) 跑道坡度。

坡度通常用百分数表示，前面的正号表示上坡，负号表示下坡。一般机场的跑道坡度为–2%～+2%。从性能上看，一方面，上坡的跑道降低了飞机的加速能力，结果增加了起飞距离。但另一方面也在中断起飞时，使得停止距离缩短了。因此，依据起飞性能的限制因素是起飞距离还是停止距离，上坡跑道有时提高最大起飞重量，而有时又降低最大起飞重量。

(2) 跑道长度。

在起飞过程中，飞机必须保证在跑道限制范围内达到相应的速度。对于每项跑道限制可以找出一个最大起飞重量，而其中的最小值就是跑道限制的起飞重量。依据 CCAR-121.189 条的要求涡轮发动机驱动的运输类飞机不得以大于该飞机飞行手册中规定的重量起飞，该重量应当保证飞机符合：起飞滑跑距离不能小于可用起飞滑跑距离，起飞距离不能超过可用起飞距离，加速停止距离不能小于可用加速停止距离。跑道长度如图 5.1 所示。

①可用起飞滑跑距离(TORA)：可以用于飞机起飞滑跑的跑道长度。

②可用起飞距离(TODA)：跑道的长度加上净空道(Clearway，CWY)的长度，净空道不得超过可用起飞滑跑距离的一半。净空道，是跑道外的一个区域，处于跑道中心线的延长线上，并且满足一定的宽度、障碍物等限制。

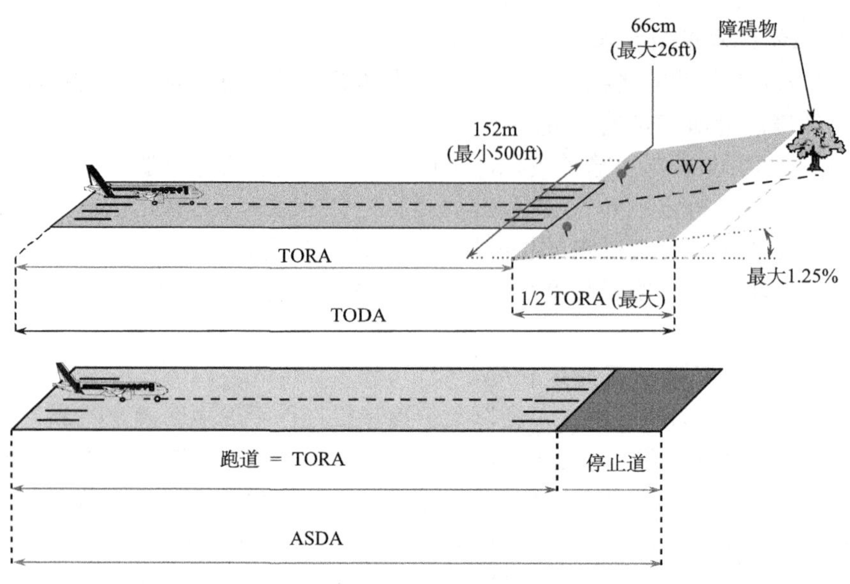

图 5.1 跑道长度

③可用加速停止距离(ASDA)：跑道的长度加上停止道的长度。停止道是跑道以外的一个区域，供中断起飞时飞机减速用。它至少与跑道一样宽，且中线在跑道中心线的延长线上，能够在中断起飞时支承飞机，而不会造成飞机的结构损坏。

2)爬升和障碍物限制

(1)起飞飞行航迹。

起飞飞行航迹是指飞机从起飞距离结束后高于起飞表面 35ft 处开始，延伸到飞机达到高于起飞表面 1500ft 或完成形态和速度的调定为止的飞机轨迹。起飞的不同阶段如图 5.2 所示。

分析起飞飞行航迹的条件是：假设飞机在地面加速到 V_{EF}，在该点关键发动机不工作并在后续起飞过程中一直不工作，此后在高于起飞表面 35ft 之前达到 V_2 速度，且飞机继续以不小于 V_2 的速度上升到高于起飞表面 400ft。然后平飞加速，在达到发动机最大推力时间要求极限后(单发为 10min)，最佳升阻比上升到 1500ft。因此起飞飞行航迹可以被划分为几个航段。各个航段都以形态、推力和速度的显著变化为特点。总结四个起飞航段中的不同要求和飞机状态，一台发动机不工作时规章要求的最小爬升梯度、缝翼/襟翼形态、发动机额定推力、速度基准、起落架形态，如表 5.1 所示。

(2)爬升和障碍物要求。

在大部分的时间里，跑道周围有障碍物，在起飞前必须加以考虑，以确保飞机能够飞越它们。在起飞飞行航迹中，必须考虑飞机和各个障碍物间的垂直余度。总飞行航迹是由飞机实际飞出的起飞飞行航迹，即在起飞距离端头高于起飞表面 35ft 开始到起飞飞行航迹结束，是受到性能制约的轨迹。

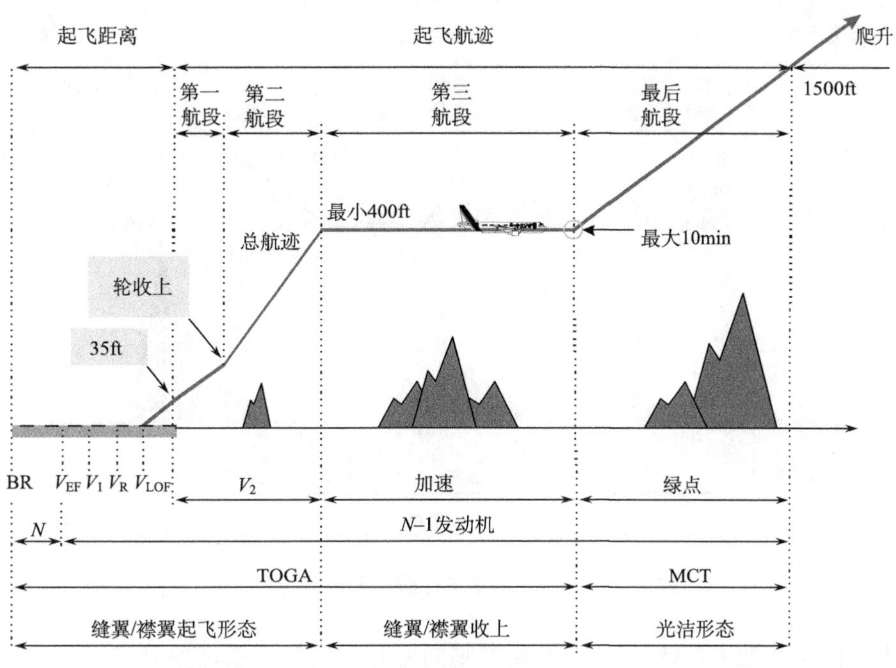

图 5.2　起飞的不同阶段

表 5.1　起飞的不同阶段的不同要求和飞机状态

起飞阶段		第一航段	第二航段	第三航段	最后航段
开始时间		达到 V_{LOF}	轮完全收上	达到加速高度（最小 400ft）	达到入航形态
最小爬升梯度	双发	0.0%	2.4%	—	1.2%
	三四发	0.5%	3.0%	—	1.7%
缝翼/襟翼形态		起飞	起飞	缝翼/襟翼收上	光洁
发动机额定推力		TOGA	TOGA	TOGA	MCT
速度基准		V_{LOF}	V_2	V_2 加速到绿点	绿点
起落架形态		收	收上	收上	收上

净飞行航迹是总起飞航迹减去一个强制的量，这个减量就是超障余度。依据 CCAR-25.115 条的要求，净飞行航迹就是在总航迹的各个点的爬升梯度基础上，对于双发飞机减去 0.8%；对于四发飞机减去 1.0%。因此在第一航段、第二航段和最后航段中，必须考虑净飞行航迹和总起飞航迹间的梯度损失。净飞行航迹要求如图 5.3 所示。

可见 CCAR-121 部的越障要求和 CCAR-25 部的要求是不同的，因此可能会导致减载。例如，对于双发飞机而言，在第二航段，最低要求的爬升梯度为 2.4%。但是，根据 CCAR-121 部的规定，净航迹必须以至少 35ft 的高度飞越任何障碍物，这就可能在有时要求第二航段的梯度大于 2.4%，结果可能需要相应减小最大起飞重量。

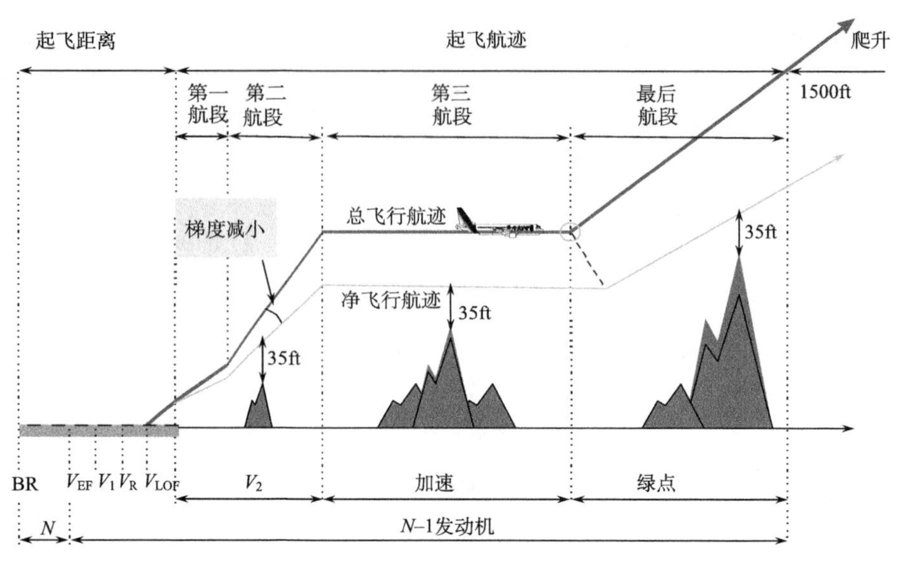

图 5.3　净飞行航迹要求

而为了能够依照 CCAR-121 部的要求侧向避开障碍物，就需要划定起飞净空区，如图 5.4 和图 5.5 所示。图中 E 表示起飞净空区的全宽，$1/2E$ 表示起飞净空区的半宽。

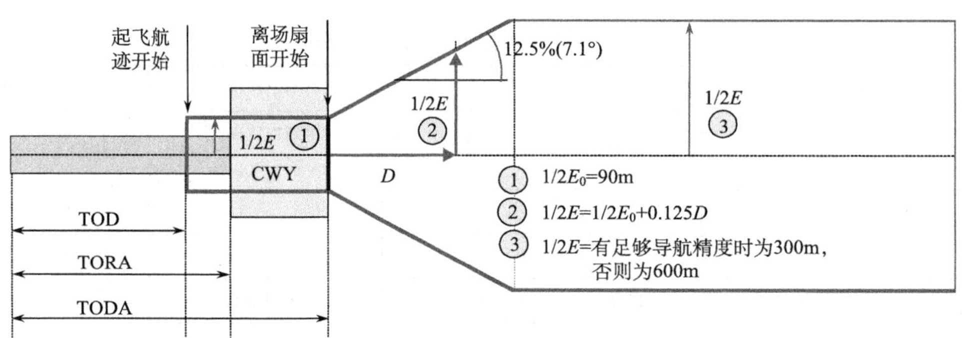

图 5.4　起飞净空区分析(航迹≤15°)

3) 外界因素

起飞性能分析中必须考虑当天的外部条件，这些条件影响最大起飞重量，因此导致每天的最大起飞重量可能差别非常大。依据 CCAR-121.189 条规定，在确定最大起飞重量时，运营人必须考虑以下方面：不超过50%的报告的顶风分量、不小于150%的报告的顺风分量、机场的气压高度、机场的环境温度、起飞方向的跑道坡度和跑道的道面状况等。

(1) 风。

沿跑道轴线的风分量是一个影响起飞的重要因素。它影响起飞地速，因此影响起飞距离。起飞距离在顶风时减小，在顺风时增加。性能工程师在制作最大起飞限重表时，已经考虑了 50%的实际顶风分量或 150%的实际顺风分量。因此飞行签派员在放行工作

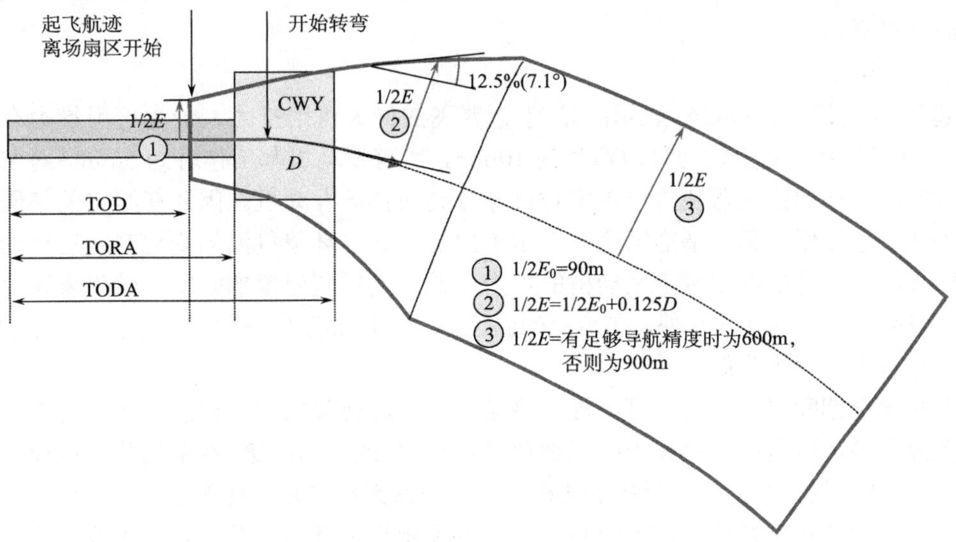

图 5.5　起飞净空区分析(航迹>15°)

中只需要考虑当时实际的风分量来确定最大起飞重量。侧风分量不影响起飞性能，但是仍需要验证不超过 25kn 的正侧风时起飞和着陆的安全性。经过验证的最大值必须公布在飞机飞行手册中。

(2)气压高度。

气压高度影响机体和发动机的性能。当气压高度增加时，相应的静压和空气密度减小。对于给定的重量，当气压高度增加时，真空速必须增加以补偿空气密度的减小，导致起飞距离增加。而且当气压高度增加时，可用推力减小，也使得起飞距离变长，起飞爬升梯度减小。因此当气压高度增加时，起飞距离增加，最大起飞重量减小。

(3)温度。

当外界大气温度增加时，起飞推力先保持恒定，直至外界大气温度高于基准温度，推力开始减小。结果当外界大气温度增加时，起飞距离变长，起飞爬升梯度减小。此外当外界大气温度增加时，空气密度降低。如上所述，真空速必须增加以补偿空气密度的降低，导致起飞距离增加。因此当外界大气温度增加时，起飞距离增加，最大起飞重量减小。

(4)跑道摩擦力。

在湿跑道或有积水、融雪、雪或冰的污染跑道上着陆，对飞机性能的主要影响在于刹车效应会变差、飞机的方向控制能力会削弱。但对起飞性能分析而言，按照规章要求，在确定湿的和污染的跑道的加速停止距离时允许使用反推，但在确定干跑道的加速停止距离时禁止考虑反推；并且对于湿的和污染的跑道，性能分析要求的越障高度是 15ft 而不是干跑道的 35ft。因此，与干跑道相比，在湿跑道和污染的跑道上可以获得较短的起飞距离，也可以获得更大的起飞重量。这就是规章中特别指出：在相同条件下，在湿的或被污染的跑道上的起飞重量不得超过干跑道的允许值的原因。

4) 飞机形态

(1) 发动机引气。

起飞/复飞推力(TO/GA)表示的是起飞/复飞的最大可用推力，最大可用推力有时间限制。在起飞/复飞发生发动机故障时为10min，所有发动机都工作时为5min。对发动机推力限制的主要原因是避免排气温度(EGT)过高而损坏发动机。因此在给定的气压高度上，当环境温度低于某一基准温度时，由于散热良好，环境气温的变化对发动机的推力没有影响。高于基准温度时，发动机的推力开始受到排气温度的限制，结果表现为可用推力随温度增加而减小。此外，在给定的温度下，气压高度的增加导致的空气密度变化，也会使得可用推力的降低。

若在起飞期间接通空调，可用推力将减小，因此会降低起飞性能，所以通常在起飞期间关掉空调，但是由于存在一些限制(客舱温度高或公司政策)并不是总能这样做，除非使用APU引气，否则必然要从发动机引气，防冰系统也是同样的道理。发动机引气用于除冰或空调意味着发动机推力的减小。其后果相当于气温上升，同样导致起飞距离增加，爬升梯度降低，最大起飞重量减小。因此在起飞性能分析的时候需要依据防冰系统和空调系统的状态而分别分析。

(2) 襟翼设定。

在起飞时需要飞机采用不同的襟翼设置，襟翼偏转的增加意味着升力系数的增加以及机翼面积的增加。因此可以减小失速速度，这样飞机将需要较短的起降距离。

选择大角度的襟翼可以减小 V_R、V_{LOF} 和到达离地点的地面滑跑距离，这样也就大大增加了加速停止距离限制的重量、加速起飞距离限制的重量以及全发运行限制的重量。但是，放下额外的襟翼会加大气动阻力，并降低飞机的爬升梯度，因此影响飞机的爬升性能。

在短跑道的情况下，如果不把襟翼放到起飞所允许的最大位置可能就不能完成起飞；相反在高海拔或环境温度很高的情况下，把襟翼放在允许的最小位置就能保证需要的爬升梯度。

5) 其他因素

(1) 结构限制重量。

最大起飞重量(MTOW)。起飞重量(TOW)一定不能超过最大起飞重量。MTOW 是按照空中结构抗荷标准、垂直速度等于–1.83m/s(–360ft/min)着陆冲击时起落架和结构的抗荷标准确定的。

最大着陆重量(MLW)。着陆重量(LW)受到垂直速度等于–3.05m/s(–600ft/min)着陆冲击时的载荷限制。这个限制就是最大结构着陆重量(MLW)。

最大零油重量(MZFW)。当机翼中的燃油量最小时，作用在翼根的弯矩最大，当油箱中没有燃油时，需要限制重量，这个限制值称为最大零油重量。

上述重量的关系如下：

MTOW≥飞机操作重量+总业载+储备油+航程油

MLW≥飞机操作重量+总业载+储备油

MZFW≥飞机操作重量+总业载

(2)限制过载系数。

飞行过载系数是空气动力分量(垂直作用在假设的飞机纵轴上)与飞机重力的比。正的过载系数是空气动力相对飞机向上作用时的情况。飞机结构的设计很明显要能够抵抗这些过载系数，一直要达到规定的极限水平。那么，就要定义过载系数限制，以便飞机能够在这些限制范围内运行，又不会使其结构承受永久性变形。导致结构破裂的极限载荷通常是飞行限制过载系数的1.5倍。对于空客机型，飞行限制过载系数通常是：$-1g\leqslant n\leqslant+2.5g$(光洁形态)和$0g\leqslant n\leqslant+2g$(缝翼放出)，$g$表示重力加速度。

3. 最大起飞重量的确定方法

为了满足制定起飞计划、签派放行和飞机运作的需要，飞行员和飞行签派员需要能够快速地确定可用的起飞重量。因此航空公司运行控制部门中的性能工程师按照前述各种约束条件，预先完成了各个机型在拟飞机场的起飞性能分析。

起飞性能分析必须根据飞机制造商提供的飞行手册或计算机分析软件进行计算。起飞性能分析原则是在拟用跑道和气象条件下，计算出各种因素限制下的起飞重量及对应速度，取其中的最小值即为该飞机在拟定机场和气象条件下的最大起飞重量及对应速度。

这些起飞性能分析资料被汇总为起飞限重表(波音)或标准起飞限重表(空客)，飞行员和飞行签派员能够从图表中快速确定最大性能允许起飞重量及其相应的起飞速度，以及确定减推力起飞时的最大可用假设温度及其相应的起飞速度。

1)起飞限重表

(1)使用方法。

当得知起飞使用跑道、起飞襟翼和空调使用状况后，可根据气象资料(气温及风)，按以下步骤查取该次起飞的允许起飞重量：

①根据气温查出相应的爬升限制重量；

②根据风查出相同气温下的场长越障限制重量，并得到相应的起飞速度 V_1、V_R 和 V_2；

③比较两个重量值，取较小值即为该次起飞允许的起飞重量；

④注意表底部结构限制重量，允许的起飞重量不可超过此值。

起飞限重表中没有载明的温度和风值的最大允许起飞重量，可采用线性插入法求取。如果业载需要，可采用以下方法提高性能限制的最大起飞重量：

①使用改进爬升技术起飞；

②关闭空调或使用APU供气进行空调起飞；

③改变襟翼位置。

关于起飞速度，值得指出的是起飞限重表中的起飞限制重量和起飞速度是一一对应的。当实际起飞重量小于性能分析中的起飞限制重量时，可以使用飞行机组操作手册直接查取实际起飞重量对应的起飞速度；当实际起飞重量等于表中正常起飞限制重量时，必须使用起飞限重表中正常起飞限制重量对应的起飞速度；当实际起飞重量介于表中正常起飞限制重量和改善爬升限制重量之间，且符合改善爬升条件时，可使用起飞限重表中改善爬升限制重量对应的起飞速度；当实际起飞重量等于起飞限重表中改善爬升限制重量时，必须使用起飞限重表中改善爬升限制重量对应的起飞速度。

(2)改善爬升起飞。

改善爬升起飞是指当起飞重量受起飞爬升或越障的限制，而可用起飞距离大于起飞爬升或越障限制重量所要求的起飞距离时，通过增大起飞安全速度 V_2 来增加最大起飞重量。其基本原理就是飞机离地速度越大，爬升梯度越大，因此只要实际跑道长度大于飞机正常起飞所需的跑道长度，就可利用多余的跑道进行额外的加速，以提高飞机的起飞速度，从而改进飞机的爬升及越障能力，最终是为了增大起飞重量、增加业载，提高经济效益。

从飞行性能分析，当起飞重量由第二段爬升梯度和障碍物限制时，表明可用起飞跑道长度没有被完全利用，第二段爬升限制的起飞重量是以 V_2 爬升，并按规定的梯度值确定的。V_2 速度并非最大爬升梯度对应的速度，若能增大爬升速度，还可以增大爬升梯度，或者保持原爬升梯度，则可增大起飞重量。而爬升速度增大，相应的 V_1 和 V_R 都要增大，从而使起飞距离增长，起飞速度增大，爬升限制的最大起飞重量增大，而场地长度限制的起飞重量减小，直到飞机在可用跑道端头正好完成起飞。

改善爬升起飞可以增加业载，因此在日常工作中运行控制人员通常是选择改善爬升起飞，除非出现使用改善爬升起飞的限制，包括防滞装置有故障、污染跑道和顺风起飞等。

(3)示例。

下面是一个 B737-500 的起飞限重表的示例：

数据	结果
从昆明巫家坝机场起飞，跑道 03；	MTOW = 53400kg
襟翼形态 05	V_1 = 159kn，　V_R = 160kn，　V_2 = 164kn
OAT：24℃	使用改善爬升起飞
风：顶风 10kn	
空调：关	
防冰：关	

2)标准起飞限重表

空客飞机的起飞性能分析表称为标准起飞限重表(RTOW)，相比波音飞机的起飞限重表要简单得多，如图 5.6 和图 5.7 所示。因为其不需要比较爬升重量或者选择是否改善爬升，依据温度和风向可以直接读出允许的最大起飞重量、起飞速度(V_1, V_R, V_2)、限制代码等信息。下面是一个 A319 的标准起飞限重表的示例。

数据	结果
从巴黎奥利机场起飞，跑道 08；	MTOW = 73.6 t
缝翼/襟翼形态：1+F；	V_1 = 149kn，V_R = 149kn，V_2 = 153kn
OAT：24℃	MTOW 受到第二航段和障碍物的限制(2/4)
风：静风	
空调：关	
跑道状态：干	

ELEVATION 6217 FT RUNWAY 03 ZPPP
*** FLAPS 05 *** AIR COND OFF ANTI-ICE OFF WUJIABA
FOR CSN ONLY KUNMING
737-500 CFM(20K) DATED 26-DEC-2002
A INDICATES OAT OUTSIDE ENVIRONMENTAL ENVELOPE

OAT C	CLIMB 100KG	WIND COMPONENT IN KNOTS (MINUS DENOTES TAILWIND) -10	0	10	20
......	......	......			
30	514	464*/28-28-35	479*/30-30-37	483*/31-31-38	486*/32-32-38
		489**48-49-54	510**55-56-60	516**57-57-61	521**60-60-64
28	522	471*/29-29-36	486*/31-31-38	490*/32-32-39	494*/33-33-40
		495**49-50-55	518**56-57-61	523**58-58-62	528**59-60-64
26	530	477*/29-30-37	493*/32-32-39	497*/33-33-40	501*/34-34-41
		502**48-49-55	524**57-57-62	530**58-59-63	536**60-61-65
24	534	481*/30-30-38	497*/33-33-40	501*/34-34-41	505*/34-34-41
		506**49-50-55	528**57-58-62	534**59-60-64	540**61-61-65
......	......	......			

MAX BRAKE RELEASE WT MUST NOT EXCEED MAX CERT TAKEOFF WT OF 60554 KG
MINIMUM FLAP RETRACTION HEIGHT IS 1070 FT
LIMIT CODE IS F=FIELD, T=TIRE SPEED, B=BRAKE ENERGY, V=VMCG,
*=OBSTACLE/LEVEL-OFF, **=IMPROVED CLIMB
RUNWAY IS 3400 M LONG WITH 60 M OF CLEARWAY AND 60 M OF STOPWAY
RUNWAY SLOPES ARE 0.13 PERCENT FOR TODA AND 0.13 PERCENT FOR ASDA
LINE-UP DISTANCES: 9 M FOR TODA, 20 M FOR ASDA OBS FROM LO-FT/M

RUNWAY	HT	DIST	OFFSET	HT	DIST	OFFSET	HT	DIST	OFFSET
03	9	200	0	43	698	0	58	1044	0
	78	1228	0	94	1259	0	122	1559	0
	147	1640	0	199	2816	0	251	3320	0
	294	3770	0	447	6841	0	522	9627	0
	739	9309	0						

说明：该起飞限重表适用于 LXI1D，CX1D，GMA1D，SL1D，BIDRU3D 的离场程序

图 5.6 起飞限重表

4. 减推力起飞

飞机的实际起飞重量通常小于最大允许起飞重量。因此在某些情况下，可以用小于最大起飞推力的推力起飞。按照实际起飞重量调整推力是有利的，因为它可以增加发动机的寿命和可靠性，同时降低维护和运营成本。减推力起飞又称为灵活起飞，相应的推力称为灵活推力，就飞机而言，减推力起飞就是实际使用的起飞推力小于飞机最大起飞推力。

A319131 - JAA	IAE V2522-A5 engines	PARIS - (ORLY)	08	17.0.0 30-AUG-00 AD131A04 *V 9
QNH 1013.25 HPA Air cond. Off Anti-icing Off		Elevation 277 FT TORA 3320 M Isa temp 14 C TODA 3320 M rwy slope 0.07% ASDA 3320 M	4 obstacles	DRY

OAT C	CONF 1+F				
	TAILWIND −10 kn	TAILWIND −5 kn	WIND 0 kn	HEADWIND 10 kn	HEADWIND 20 kn
−6	72.0 4/4 146/46/51	73.4 2/4 148/48/53	74.8 2/4 153/53/58	75.6 2/4 157/57/62	76.3 3/4 161/61/65
4	71.6 4/4 146/46/51	73.0 4/4 147/47/52	74.4 2/4 152/52/57	75.2 2/4 156/56/60	75.9 3/4 159/59/64
14	71.2 4/4 145/45/50	72.5 4/4 146/46/51	74.0 2/4 150/50/55	74.9 2/4 154/54/59	75.6 3/4 157/57/62
24	71.0 4/4 149/49/54	72.1 4/4 145/45/50	73.6 2/4 149/49/53	74.5 2/4 152/52/57	75.2 3/4 156/56/61
34	70.8 4/4 148/48/53	71.7 4/4 145/45/50	73.1 2/4 147/47/52	74.1 2/4 151/51/56	74.9 3/4 154/54/59
44	70.5 4/4 148/48/52	71.7 4/4 150/50/55	72.7 2/4 146/46/51	73.7 2/4 149/49/54	74.5 3/4 153/53/57
54	70.4 4/6 147/47/51	71.5 4/4 149/49/54	72.0 2/4 142/43/48	72.1 4/8 144/49/54	72.0 3/4 136/43/48
56	69.5 4/4 146/46/51	70.6 4/4 148/48/53	71.3 2/4 142/43/48	71.4 4/8 146/49/54	71.3 3/4 136/43/48
58	68.3 4/4 145/45/50	69.4 4/4 147/47/52	70.4 4/4 144/44/48	71.4 2/4 147/47/51	71.6 3/4 146/47/52
60	67.2 4/4 144/44/49	68.2 4/4 146/46/50	69.3 2/4 143/43/47	70.2 2/4 146/46/50	71.0 3/4 149/49/54
62	66.0 4/4 142/42/47	67.0 4/4 145/45/49	68.2 2/4 141/41/46	69.1 2/4 145/45/49	69.8 3/4 148/48/53
64	64.8 4/4 141/41/46	65.7 4/4 139/39/43	67.0 2/4 140/40/45	67.9 2/4 144/44/48	68.6 3/4 147/47/51
66	63.6 4/4 140/40/44	64.6 4/4 138/38/42	65.9 2/4 140/40/44	66.7 2/4 143/43/47	67.4 3/4 146/46/50
68	62.4 4/4 139/39/43	63.4 4/4 137/37/41	64.7 2/4 139/39/43	65.5 2/4 142/42/46	66.1 2/4 145/45/50
70	61.2 4/4 138/38/42	62.2 4/4 136/36/40	63.4 2/4 138/38/42	64.2 2/4 141/41/45	64.8 2/4 144/44/48
72	60.0 4/4 137/37/41	61.0 4/4 135/35/39	62.2 2/4 137/37/41	62.9 2/4 140/40/44	63.5 2/4 143/43/47
74	58.8 4/4 136/36/40	59.8 4/4 134/34/38	60.9 2/4 136/36/40	61.7 2/4 139/39/43	62.2 2/4 142/42/46
76	57.5 4/4 135/35/40	58.5 4/4 133/33/37	59.7 2/4 135/35/39	60.3 2/4 138/38/42	60.9 2/4 141/41/45
78	56.1 4/4 129/29/34	57.2 4/4 131/31/35	58.4 2/4 134/34/38	59.0 2/4 137/37/41	59.6 2/4 140/40/44
79	55.5 4/4 130/30/34	56.6 4/4 130/30/35	57.7 2/4 134/34/38	58.4 2/4 137/37/41	58.9 2/4 140/40/44

LABEL FOR INFLUENCE DW (1000 kg) DTFLEX DV1-DVR-DV2 (kn) (TVMC OAT C) DW (1000 kg) DTFLEX DV1-DVR-DV2 (kn)	MTOW(1000 kg) codes V1min/VR/V2 (kn)	VMC LIMITATION	Tref (OAT) = 54 C Tmax (OAT) = 54 C	Min acc height 438 ft Max acc height 1674 ft	Min QNH alt 715 ft Max QNH alt 1951 ft
	LIMITATION CODES: 1=1st segment 2=2nd segment 3=runway length 4=obstacles 5=tire speed 6=brake energy 7=max weight 8=final take-off 9=VMU			Min V1/VR/V2 = 105/11/17 CHECK VMU LIMITATION Correct. V1/VR/V2 = 1.0 kn/1000 kg	

图 5.7 标准起飞限重表

如果实际起飞重量小于实际温度的最大许可起飞重量，那么因为在起飞分析表中重量和温度是对应的，因此可以假设实际起飞重量是某个温度下的最大起飞重量，从而推出对应的温度。

因此，飞机起飞所需推力就是这个温度下的最大起飞推力，这个温度称为“灵活温度 T_{flex}”或“假设的温度”。在起飞准备阶段，飞行员将这个温度值输入 MCDU(多功能控制和显示组件)后，按照标准操作程序起飞，即可达到减小推力、提高经济效益的目的。

同时为了保证安全性，规章对减推力起飞提出如下限制：

(1) 推力减少量不要超过最大起飞推力的 25%，即引出最大灵活温度的概念；

(2) 防滞刹车系统不工作时，不能使用减推力起飞；

(3) 在预计起飞方向有风切变时，不能使用减推力起飞；

(4) 在污染跑道上不能使用灵活温度法减推力起飞，必须使用全推力；

(5) 减推力后推力值不要小于最大爬升推力和起飞最后爬升段的最大连续推力；

(6) 灵活温度只有满足超过基准温度(T_{ref})和环境温度(OAT)才可以运行。灵活温度原理如图 5.8 所示。

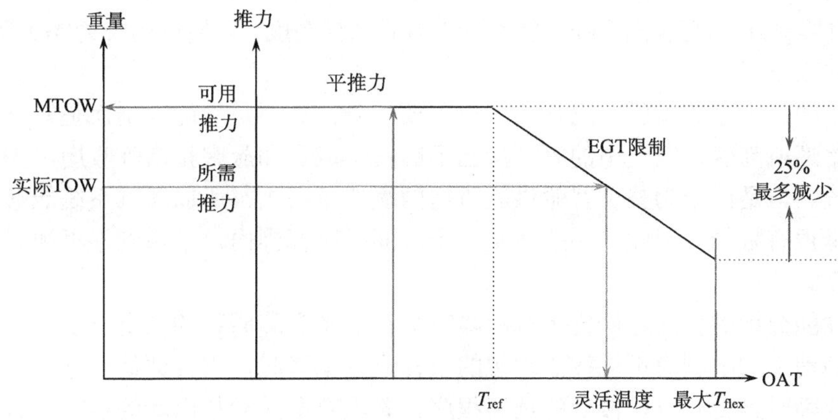

图 5.8 灵活温度原理

例如，假设数据如下，由图表便可得灵活温度和相关速度。

首先是 B737-500 的灵活温度法示例：

数据	结果
实际起飞重量 51000kg	灵活温度 30℃
从昆明巫家坝机场起飞，跑道 03；	V_1 = 155kn，V_R = 156kn，V_2 = 160kn
襟翼形态 05	
OAT：24℃	
风，静风	
空调：关	
防冰：关	

其次是 A319 的灵活温度法示例：

数据	结果
实际 TOW = 66 t	灵活温度 = 68℃
从巴黎奥利机场起飞，跑道 08；	V_1 = 145kn， V_R = 145kn， V_2 = 150kn
缝翼/襟翼形态：1+F；	
OAT：24℃	
风：顶风 20kn	
空调：关	
跑道状态：干	

5.2.2 航线性能分析

当在航路飞行时，飞机可以保持很高的飞行高度，从而顺利地避开各种地面障碍物。但是飞机如果在空中出现发动机或增压系统故障，那么就会对飞行高度构成严重影响。

若在空中发生发动机故障，剩余的推力就不再足以平衡阻力和维持适当的巡航速度。若在起始高度飞行所需的推力突然变得大于发动机最大连续推力额定值所提供的可用推力，唯一的解决方法就是下降到一个更加适当的飞行高度，以便可用推力等于所需推力，使飞机能够改平。

若在空中失去客舱增压，飞行高度也需要下降。这不是性能限制而是氧气系统的限制。在初始巡航高度，空气中的氧气量已不够机组成员和旅客正常呼吸用，因此需要安装氧气系统。但是由于为整个客舱供氧所需的氧气量很大，所以氧气系统能够保证最大持续时间是很有限的。因此，必须在某一个时间限制范围内，下降到不再需要氧气的新的飞行高度。

航路性能分析的目的是研究飞机故障时能否保持和障碍物的安全余度。尤其当飞越山区，受到地形的限制而不能按照理想的条件进行下降时，需要评估当飞机在最不利的时刻发生故障时是否有可以接受的逃离程序。若没有则必须找出新的航路或者减少可用起飞重量。

1. 航线性能规章限制要求

1）一台发动机不工作的航路限制

（1）涡轮发动机驱动的飞机不得超过某一重量起飞，在该重量下，考虑到正常的燃油、滑油消耗和航路上预计的环境温度，根据该飞机飞行手册确定的一台发动机不工作时的航路净飞行轨迹数据，应当能够符合下列两项要求之一。

①越障要求：在预定航迹两侧各 25km（13.5n mile）范围内的所有地形和障碍物上空至少 300m（1000ft）的高度上有正梯度，并且在发动机失效后飞机要着陆的机场上空 450m（1500ft）的高度上有正梯度。

②飘降要求：净飞行轨迹允许飞机由巡航高度继续飞到可以备降的机场，能以至少 600m（2000ft）的余度垂直超越预定航迹两侧各 25km（13.5n mile）范围内所有地形和障碍物，并且在发动机失效后飞机要着陆的机场上空 450m（1500ft）的高度上有正梯度。

(2)就飘降要求而言，假设如下。

①发动机在航路上最临界的一点失效。

②飞机在发动机失效点之后飞越临界障碍物，该点距临界障碍物的距离不小于距最近的经批准的无线电导航定位点的距离，除非局方为充分保障运行安全批准了一个不同的程序。

③使用经批准的方法考虑了不利的风的影响。

④如果航空公司证明，机组人员进行了恰当的训练，并且采取了其他安全措施，能保证程序的安全性，那么允许应急放油。

⑤在签派或者放行单中指定了备降机场，且该备降机场符合规定的最低气象条件。

⑥发动机失效后，燃油和滑油的消耗与飞机飞行手册中批准的净飞行轨迹数据所给的消耗相同。

2)两台发动机不工作的航路限制

三台或者三台以上涡轮发动机驱动的飞机沿预定航路运行时，应当符合下列两款要求之一。

(1)预定航迹上任何一点到符合要求的机场的飞行时间不超过所有发动机以巡航功率工作飞行90min。

(2)根据飞机飞行手册中航路上两台发动机不工作的净飞行轨迹数据，其重量允许该飞机从假设两台发动机同时失效的地点，飞到符合要求的某一机场。在这段飞行中，考虑到沿该航路的预计环境温度，其净飞行轨迹在垂直方向上至少高出预定航迹两侧各25km(13.5n mile)范围内所有地形和障碍物600m(2000ft)。此处假设如下：

①两台发动机在航路上最临界的地点失效；

②这些发动机失效后在预定着陆的机场正上空450m(1500ft)处，该净飞行轨迹具有正梯度；

③如果航空公司证明，机组人员进行了恰当的训练，并且采取了其他预防措施，能保证程序的安全性，那么可以批准应急放油；

④在两台发动机失效的那一点，该飞机重量包含有足够的燃油，使其能继续飞到该机场正上空至少450m(1500ft)的高度，此后还能以巡航功率或者推力飞行15min；

⑤发动机失效后，燃油和滑油的消耗与飞机飞行手册中净飞行轨迹数据所给定的消耗相同。

3)增压系统故障的航路限制

当发生了增压系统故障之后，座舱气压高度被认为与飞行高度相同。当座舱增压故障发生在供氧需求临界的飞行高度或者飞行中某点，飞机应当按照飞机飞行手册中规定的应急程序，在不超过其使用限制的情况下，下降到不再需要辅助氧气的飞行高度。在此过程中飞机的氧气系统需要能够满足下述要求，否则需要改造氧气系统或重新选择航路。

在运行涡轮发动机驱动的飞机时，每个航空公司应当在飞机上配备生命保障氧气和分配设备以供使用，应当按照下列要求为旅客提供氧气：

(1)对于座舱气压高度3000m(10000ft)以上至4300m(14000ft)(含)的飞行，并且如果在这些高度上超过30min，则对于30min后的那段飞行应当为10%的旅客提供足够的氧气；

(2) 对于座舱气压高度 4300m(14000ft) 以上至 4600m(15000ft)(含)的飞行，足以为30%的旅客在这些高度的飞行中提供氧气；

(3) 对于座舱气压高度 4600m(15000ft) 以上的飞行，在此高度上整个飞行时间内为机上每一位旅客提供足够的氧气。

为了对那些由于生理上的问题，在从飞行高度 7600m(25000ft) 以上的座舱气压高度下降后可能需要纯氧的机上乘员进行急救护理，在座舱失密后座舱气压高度 2400m(8000ft) 以上的整个飞行时间内，应当为 2%的乘员(但在任何情况下不得少于 1 人)提供氧气源。应当有适当数量(但在任何情况下不得少于 2 个)的经认可的氧气分配装置，如手提氧气瓶。

2. 发动机故障

1) 一般定义

(1) 飘降程序。

在爬升或巡航阶段若在山区上空发生发动机故障，应该采用飘降程序，如图 5.9 所示。飘降程序是能够保持最大高度的程序，程序简要描述如下。

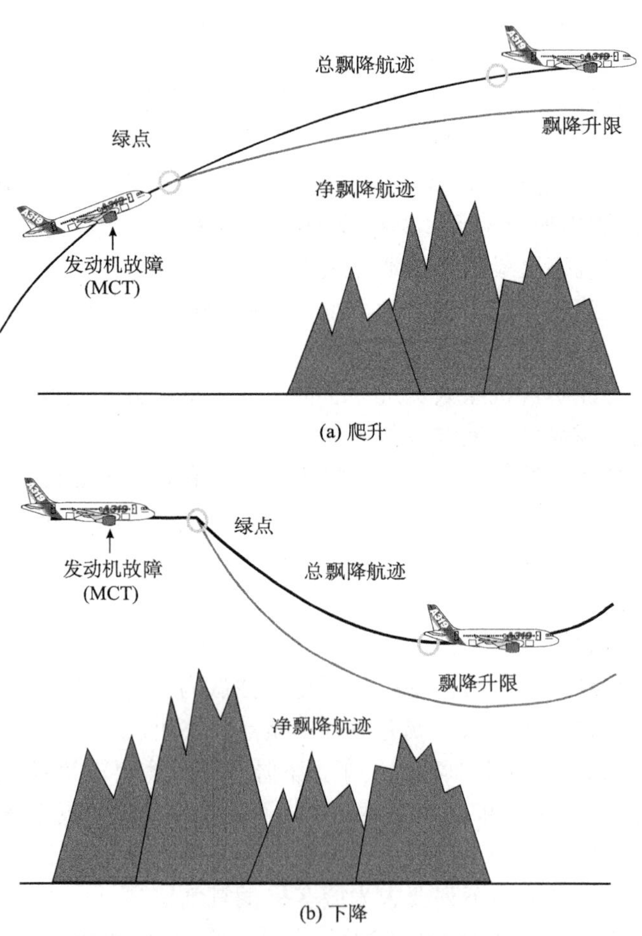

图 5.9 飘降程序

①剩余的发动机选择最大连续推力(MCT)。

②减速到最大升阻比速度。

③以绿点速度爬升或下降，直至达到飘降升限，即保持最大升阻比速度所能飞的最大平飞高度。

(2)总飘降航迹和净飘降航迹。

总飘降航迹是飞机在发动机故障后实际飞的航迹，要求考虑所有可能的重量、最不利的重心和关键发动机不工作的情况。

净飘降航迹指的是总飞行航迹减去必需的减量的轨迹。规章中要求的这种减量目的是保证飞机和地面障碍物之间有足够的安全余度，通常用梯度来表示，如表 5.2 所示。

表 5.2　净飞行航迹的梯度减量

梯度减量	双发飞机	四发飞机
净飞行航迹(一台发动机失效)	1.1%	1.6%
净飞行航迹(两台发动机失效)	—	0.5%

(3)起飞备降机场。

若在起飞阶段发生发动机故障，最好是返回起飞机场着陆。当不满足着陆条件时，出于天气或性能方面的原因，需要计划起飞备降机场，其位置应该满足以下条件：

①对于双发飞机，以一台发动机不工作的巡航速度在静止的空气中飞行 1h。

②对于四发飞机，以一台发动机不工作的巡航速度在静止的空气中飞行 2h。

当不可能返场时，则必须去起飞备降机场，而且要在松刹车后最多 10min 内达到入航形态。为了到达起飞备降机场，就必须要保证越障，其要求见以下内容。

2)一台发动机不工作时在航线上的越障

(1)横向间隔。

必须保证在发动机故障时在整个航线上的越障。问题是要清楚地定义哪些是必须越过的障碍物。规章指出了所需要考虑的障碍物是：净飞行航迹允许飞机由巡航高度继续飞到可以进行着陆的机场，能以至少 600m(2000ft)的余度垂直超越预定航迹两侧各 25km 范围内所有地形和障碍物。

为了进行详细的航路研究(发动机故障的情况)，应该使用地形图并确定出所需走廊宽度内最高的障碍物。另外，还有一个花时较少但精度较差的方法，即使用公布航图中的航路最低飞行高度，它已考虑了飞越障碍物 2000ft 的余度。此外，它规定：当飞机离最近的经过批准的无线电导航定位点的距离比它必须飞越的关键障碍物远时，需要获得“不同程序”的批准。

(2)垂直间隔。

垂直间隔应被理解为净飞行航迹和障碍物间的余度。航线上的净飞行航迹应按飞机飞行手册确定，且必须考虑运行区域的主要气象条件(风和温度)。此外，若在改航高度层上预计有结冰条件，则必须在净飞行航迹上考虑防冰系统的影响。依据 CCAR-121 部的要求，在进行航路研究时，应检查是否能够满足以下两个垂直间隔标准中的一个。

①沿预定航迹的越障要求。

此时的越障要求是在预定航迹两侧各 25km 范围内的所有地形和障碍物上空至少 300m(1000ft)的高度上有正梯度，如图 5.10 所示。值得指出的是，此处要求的是“预定航迹”，即要考虑原定的航路上的所有障碍物。例如，执行北京至新德里航班，此规定就意味着飞机必须具备一发失效时保持约 9000m 平飞的能力。可见虽然高度的余度要求只有 300m，但仍然是一个非常苛刻的限制。在我国的西部航路运行中，普通民航飞机通常不能满足此项条件，或者勉强满足但导致严重的限载。

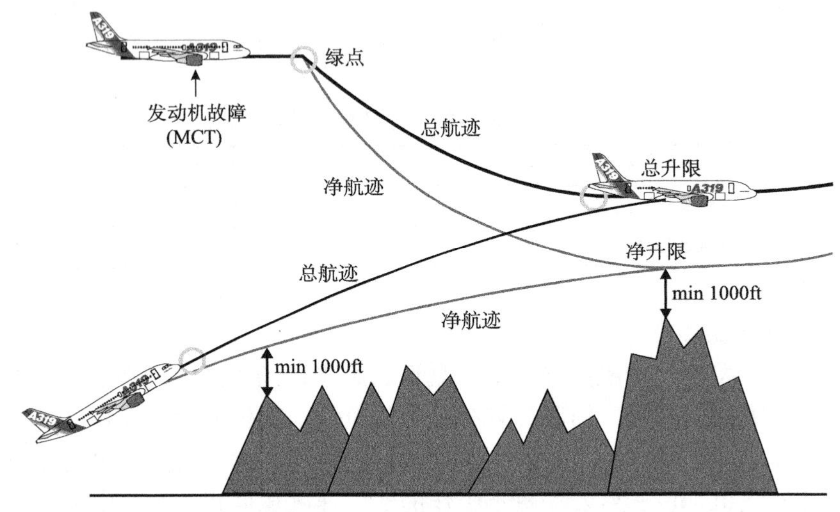

图 5.10　预定航迹的越障要求

②沿新航迹的越障要求。

此时的越障要求是：净飞行轨迹允许飞机由巡航高度继续飞到某一个能够着陆的机场，以至少 600m(2000ft)的余度垂直超越预定航迹两侧各 25km 范围内所有地形和障碍物。值得指出的是，可以依据实际需要，在发动机巡航时发生故障的时候选择新的航路。例如，执行北京至新德里航班，此规定就意味着飞机一发失效时可以灵活选择航路，不需要考虑飞越喜马拉雅山的超障限制。因此，虽然提出 600m 的高度余度限制，但是通过精心制定合适的飘降程序，可以保证在航线上关键区域的任何点都存在安全程序。

因此需要确定航路上的关键点，在这个点时，若发动机故障且飞机开始飘降，净飞行航迹将以最小 2000ft 的余度越过影响最大的障碍物。在各个关键点的飞机重量被假设为在最恶劣的气象条件下在该点预计可能的最大重量。通过关键点可以确定应当选择何种飘降程序：返航、转场或继续飞行。

如图 5.11 所示，该航线可以确定如下两个关键点。

返回点(*A* 点)：在其之后就不能返回的点，否则就不能满足 2000ft 的净航迹越障余度。

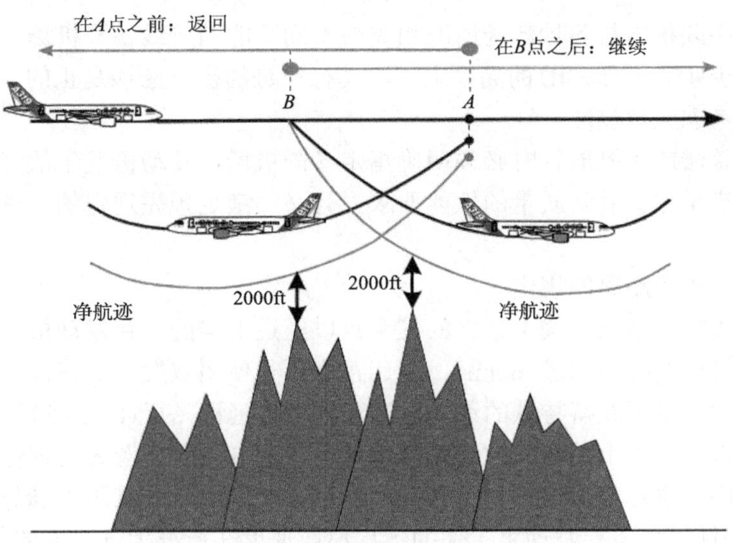

图 5.11 航路飘降要求

继续点(B 点)：在其之后可以继续的点，因为可以保证 2000ft 的净航迹越障余度。

因此当空中出现一发失效时，除非有其他更加适用的程序，否则应采用以下程序。

故障发生在 A 点之前：返回；

故障发生在 B 点之后：继续；

故障发生在 A 点和 B 点之间：选择最佳备降航路，确保相关障碍物的越障余度。若找到合适的备降机场则考虑减小起飞重量重新分析。若减重太多则考虑是否更换机型。

(3) 备降机场。

依据 CCAR-121 部的要求，当发动机故障后，在准备着陆的机场的上空 450m(1500ft) 的高度，净飞行航迹必须具有正梯度，如图 5.12 所示。

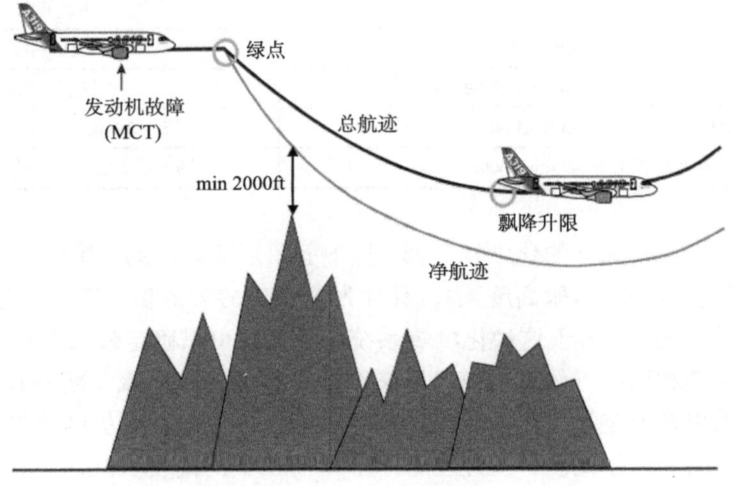

图 5.12 备降机场要求

航线研究必须指出与各种转场情况相关的不同可能的航线备降机场。在准备着陆的机场的上空至少450m(1500ft)的高度上，净飞行航迹的梯度应该是正的。为此，当系统可用时，可以考虑应急放油。

另外，在签派或飞机放行时必须明确指定备降机场，发动机发生故障后考虑着陆的备降机场必须满足预计着陆质量的性能要求，且必须满足预先规定的该进近类别的最低气象标准。

3) 航路备降机场距离的规定

对于双发飞机，若从航线上包含的某个点以经过批准的一台发动机不工作的巡航速度飞到适当的机场的时间超过 60min，则运营人不得使用双发飞机在该航线上运行。除非航空公司针对该机型获得特殊的许可，即双发飞机延程飞行(ETOPS)许可。

对于三发或三发以上的飞机的航路运行要求，规章要求运营人应该保证三发或三发以上的飞机，除非满足特殊规定，否则其所飞目标航迹上所有点距离满足着陆性能要求的机场的飞行时间(以所有发动机工作的远程巡航速度在标准大气温度的静止空气中)不超过 90min。特别值得注意的是，此处的飞行速度是在所有发动机工作条件下，不同于对双发飞机的限制。

3. 客舱增压故障

1) 氧气系统

除非有补充氧气系统，否则运营人不得在 10000ft 以上的高度以增压飞机进行运行。客舱增压故障后，氧气自动通过独立的分配组件向旅客供氧，每个乘员可以立即获得。当客舱释压时，这些组件自动放出，但只能在有限的时间内提供氧气。旅客氧气的要求如表 5.3 所示。向旅客供氧的持续时间随系统的不同而不同。目前有两个主要种类，分别为化学氧系统和气体氧系统。

表 5.3 旅客氧气的要求

飞行高度	供氧要求
4600m(15000ft)以上	供应100%旅客
4300m(14000ft)以上至4600m(15000ft)(含)	供应30%旅客
3000m(10000ft)以上至4300m(14000ft)(含)	在飞行30min后，供应10%旅客
2400m(8000ft)以上至3000m(10000ft)(含)	通过手提氧气瓶，供应2%旅客

化学氧系统有一个独立的化学发生器，拉下面罩后即被启动，其后不能停止氧气流，且氧气流量和供氧压力与客舱高度无关。化学发生器对旅客的供氧有一个特定的时间段，通常是 15min 或 22min。对于这种化学氧系统，预先就可以确定最大飞行剖面。

与化学氧系统相比，气体氧系统可以按客户需要选择高压氧气瓶的数量，供氧时间取决于飞行剖面以及所装氧气瓶的数量，如在 A340 上可以有多达 14 个氧气瓶。而且氧气流量和供氧压力取决于高度，流速由每个面罩容器上的高度表式流量调节装置控制，这样可以优化旅客用氧。高度越低，氧气流量越小，客舱高度低于 10000ft 时，没有氧气流量。

为了明确飞机对补充氧气的需要，规章限定了提供最低要求的氧气量与飞行高度的关系。这个信息是针对飞行机组、乘务组以及旅客提供的。尽管如此，为机组乘员储备的氧气总是比旅客重要得多，因此，下降剖面总是受旅客氧气系统而不是机组氧气系统的限制。

2) 增压故障限制的飞行剖面

客舱增压故障后，除非能够验证是非常不可能的，否则应将客舱高度看作与飞机的气压高度一样。考虑到上述氧气要求，可以建立一个飞机必须保持的飞行剖面。

这个剖面取决于所安装的氧气系统，表示的是就氧气系统的能力而言，可以飞的最大高度。例如，图 5.15 显示的一个 22min 氧气系统的下降剖面，显示客舱释压 7min 后，飞机必须在 FL250 或 FL250 以下飞行。A319 的下降剖面(22min 的氧气系统)如图 5.13 所示。

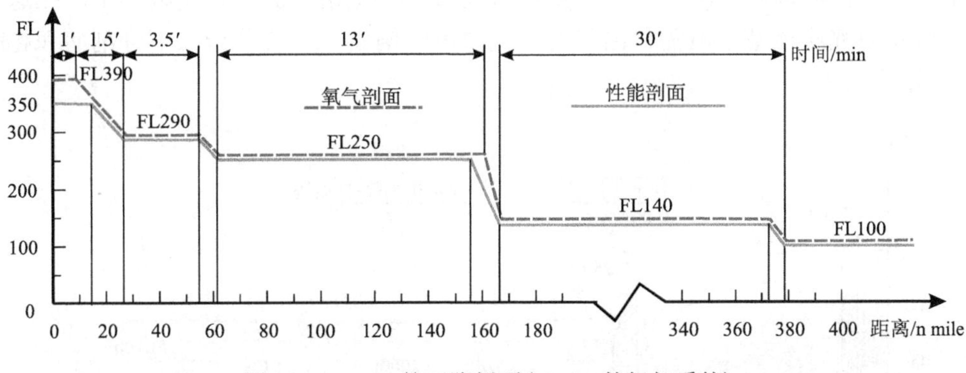

图 5.13 A319 的下降剖面(22min 的氧气系统)

同时还必须考虑飞机性能，特别是下降性能，能否满足氧气剖面需要。因此还必须建立性能剖面且该性能剖面必须总是低于氧气剖面。基于以最大速度进行紧急下降和巡航，可以对于给定的初始重量和飞行高度层，将作为时间函数的氧气剖面转换为作为距离函数的性能剖面。

3) 增压故障限制的越障剖面

客舱增压故障时是不需要净飞行航迹的。净飞行航迹应理解为飞机在遭遇无法保持期望的下降性能的风险(发动机故障的情况)时的安全余度。若客舱释压，因为所有发动机都在工作，所以可以在任何低于初始飞行高度的高度上飞行而不会有任何问题。因此，适用标准的最低的飞行高度，同时下降剖面必须以 2000ft 越过任何障碍物。A319 的下降剖面和越障剖面如图 5.14 所示。

4. 航线分析

一般而言，必须总是预计在目标航路的最关键点发生故障(发动机或增压)。尽管如此，下降剖面不同，两个故障的关键点也可能不同。重要的是应该注意到，规章不要求考虑性能同时满足两个故障的要求。

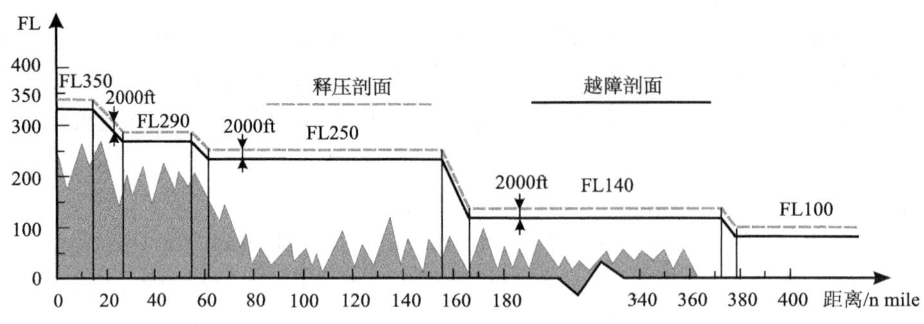

图 5.14 A319 的下降剖面和越障剖面

当分别处理两个故障时，关键点的数量和特殊的逃离路线数量也增加。其复杂性可能给机组带来额外的工作负荷和出错的风险。因此不管是什么故障，最好必须定义相同的关键点和相同的逃离航路。这样，反应时间长度和犯错误的风险就减小了。在这种情况下，航路研究应该基于所需付出代价最大的下降剖面。航线分析的下降剖面和越障如图 5.15 所示。

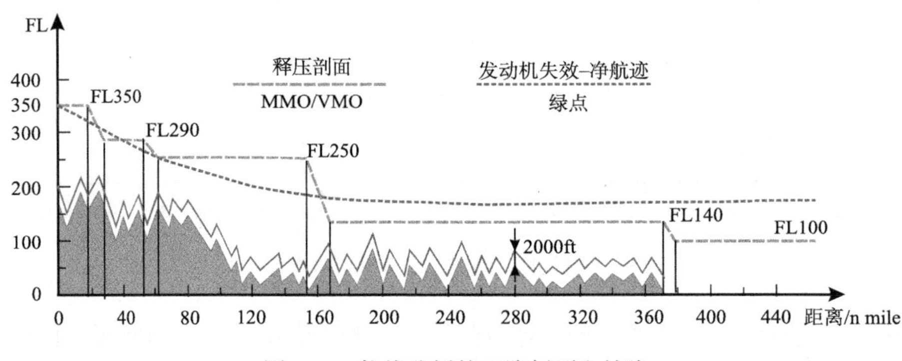

图 5.15 航线分析的下降剖面和越障

5.2.3 着陆性能分析

着陆性能分析包括着陆所需跑道分析、复飞爬升梯度分析和道面强度分析等，其中最重要的是着陆所需跑道分析。因为根据飞机制造厂商的统计，近年来发生的事故和事故征候的主要类型为冲出跑道，其中大多数发生于在湿跑道和污染跑道上的着陆。为了加强对飞机在湿跑道和污染跑道上的运行安全，必须对湿跑道和污染跑道上的着陆性能实施分析。

CCAR-121 部要求航空公司在起飞时满足确定的着陆距离要求。这些要求限制了飞机的允许起飞重量，从而保证涡轮动力飞机在规定条件下的跑道可用着陆距离的 60%实现着陆全停。当跑道处于湿滑条件下时着陆距离应该再加上 15%的增量，除非湿跑道上的实际着陆技术能够表明着陆距离短于上述修正过的距离。

虽然飞机可以在这些条件下被合法地放行，但仅仅满足上述要求并不能保证飞机可以在到达时的实际条件下在所用跑道的可用着陆距离内安全地着陆，特别是当跑道、道面条件、气象条件、飞机构型、飞机重量或飞机地面减速设备的使用等条件与放行计算时的预计条件不符时更是如此。

1. 机场着陆规章限制要求

(1) 涡轮发动机驱动的飞机起飞前，应当在考虑到至目的地机场或者备降机场的飞行中正常的燃油和滑油消耗后，使飞机到达时的重量不得超过该飞机飞行手册中对该目的地机场或者备降机场的气压高度以及着陆时预计的环境温度所确定的着陆重量。

(2) 涡轮发动机驱动的飞机起飞前，应当在考虑到飞行中正常的燃油和滑油消耗后，使该飞机到达目的地时的重量，根据飞机飞行手册中对该目的地机场的气压高度和预计在着陆时当地风的情况所规定的着陆距离，允许其在预定的目的地机场的下述跑道上，由超障面与该跑道交点上方 15.2m(50ft)处算起，在跑道的有效长度 60%以内做全停着陆。为确定在目的地机场的允许着陆重量，假设以下两点。

①飞机在最理想的跑道上并且在静止的大气中以最理想的方向着陆。

②考虑到可能的风速、风向和该飞机的地面操纵特性，以及诸如着陆助航设备和地形等其他条件，飞机在最适宜的跑道上着陆。

(3) 对于不能符合本条(2)款第②项而被禁止起飞的涡轮螺旋桨驱动的飞机，如果指定了备降机场，除允许飞机在跑道有效长度的 70%以内完成全停着陆外，该备降机场还符合所有其他要求，则可以起飞。

(4) 对于不能符合本条(2)款第②项而被禁止起飞的涡轮喷气的飞机，如果指定了符合本条所有要求的备降机场，则可以起飞。

(5) 对于涡轮喷气飞机，在有关的气象报告和预报表明目的地机场跑道在预计着陆时刻可能是湿的时候，该目的地机场的有效跑道长度应当至少为要求的跑道长度的 115%，否则，该飞机不得起飞。

(6) 对于涡轮喷气飞机，在有关的气象报告和预报表明目的地机场跑道在预计着陆时刻可能是被污染的时候，该目的地机场的有效跑道长度应当至少为以下距离中的较大者，即所要求的跑道长度的 115%，以及根据认可的污染跑道实际着陆距离数据确定的着陆距离的 115%，否则，该飞机不得起飞。

2. 湿跑道和污染跑道的着陆特点

在湿跑道或有积水、融雪、雪或冰的污染跑道上着陆，对着陆性能的主要影响在于刹车效应会明显变差、出现滑水的可能性较大和飞机的方向控制能力会削弱。

跑道上的硬质污染物(如压实的雪或冰)的出现，减小了轮胎和跑道表面的摩擦力，不利地影响了刹车性能(减速力)，摩擦力的减小量受到轮胎胎面条件、充气压力、跑道表面类型和防滞系统性能等的影响。当轮胎胎面与跑道表面上的液体污染物相互挤压时，产生的流体动力将机轮部分或完全抬离道面，使机轮转速下降甚至停转，这种现象叫滑水。滑水导致轮胎和跑道之间的摩擦系数几乎完全丧失。当飞机在被液体污染的跑道上滑跑时，滑水现象总是以某种程度出现。滑水的严重程度与液体污染物层的厚度、轮胎压力、地速和防滞系统的工作情况(如机轮锁死)密切相关。

(1) 干跑道。

干跑道是跑道正在或计划使用的长度和宽度范围内的表面区域内，其表面无可见湿气且未被压实的雪、干雪、湿雪、雪浆、霜、冰和积水等污染物污染。

(2)湿跑道。

跑道正在或计划使用的长度和宽度范围内的表面区域内，覆盖有任何明显的湿气或不超过 3mm 深的水。

(3)湿滑跑道。

湿跑道，并且其相当一部分的跑道表面摩阻特性确定为已经降级。

(4)污染跑道。

跑道正在或计划使用的长度和宽度范围内的表面区域内，有很大一部分(不管是否为孤立区域)都覆盖有压实的雪、干雪、湿雪、雪浆、霜、冰和积水等一种或多种污染物。

(5)审定着陆距离。

审定着陆距离是根据 CCAR-25.125 条规定，按人工驾驶着陆、人工最大刹车、以标准条件计算的从跑道入口到全停时用的距离。审定着陆距离也称为演示着陆距离，它未包含任何安全余量，也不使用自动刹车、自动着陆系统或反推。审定着陆距离通常不等于实际着陆距离。

(6)实际着陆距离。

飞机的实际着陆距离是指从其在预定的目的地机场的跑道上，由超障面与该跑道交点上方 15.2m(50ft)处算起，直至全停的距离，计算时需要考虑到该飞机到达目的地时的实际重量、目的地机场的气压高度和预计在着陆时当地风的情况等。实际着陆距离示意图如图 5.16 所示。

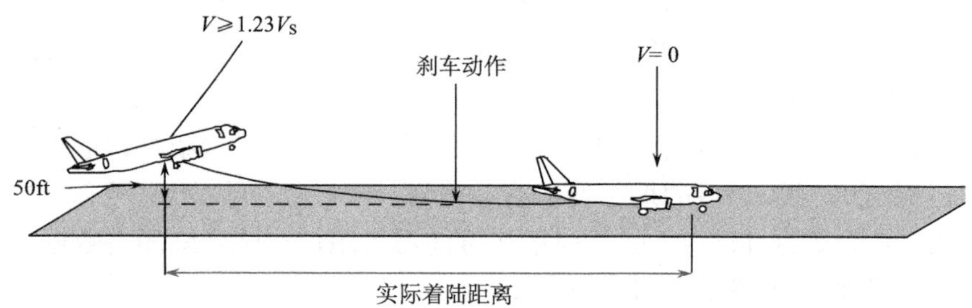

图 5.16 实际着陆距离示意图

(7)所需着陆距离。

所需着陆距离是在 CCAR-25.125 条所要求的审定着陆距离基础上再加上适用的运行规章所定义的飞行前的计划安全余量所得到的着陆距离，例如，干跑道条件下，CCAR-121 部关于放行所要求的所需着陆距离为审定着陆距离除以 60%。

(8)可用着陆距离(LDA)。

可用着陆距离是公布的跑道可用着陆距离。该距离可能会比跑道的总长度更短。如果着陆航迹下没有障碍物，那么在这个情况下，可用着陆距离就是跑道的长度。停止道不能用于着陆计算。如果着陆航迹下有障碍物，那么可用着陆距离等于跑道长度减去跑道入口内移距离。跑道入口内移的原因是在进近净空区中存在障碍物，因此需要定义一个移位后的跑道入口，它的位置是以影响最大的障碍物形成 2%的正切平面然后再加 60m

的余度。因此跑道入口内移对起飞跑道距离没有影响。跑道入口内移示意图如图 5.17 所示。

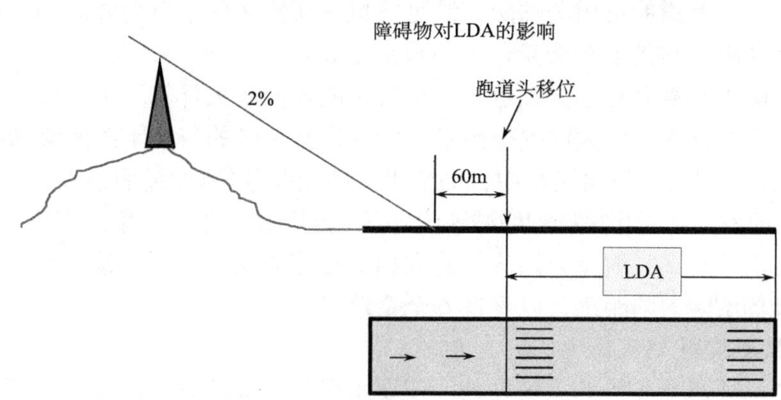

图 5.17　跑道入口内移示意图

3. 湿跑道和污染跑道的运行要求

在湿跑道或污染跑道上起飞和着陆都必须做飞机性能修正，签派放行时应重点关注湿跑道或污染跑道的实况和预报以及任何影响起飞和着陆距离的因素，严格执行放行标准。

放行前的着陆距离评估是基于 CCAR-121.195 条的相关规定，考虑到飞行中正常的燃油和滑油消耗后飞机到达目的地时的重量，根据飞机飞行手册中对该目的地机场的气压高度、预计在着陆时当地风的情况和道面状态所对应的着陆距离进行评估。

(1) 在湿跑道或污染跑道上起飞，应该使用修正的起飞重量，而且不得大于相同条件下干跑道的最大起飞重量。污染跑道上不可以使用灵活温度减推力起飞。

(2) 跑道表面有超过 13mm (0.5in，1in=25.4mm) (含) 深的积水或当量厚度的其他污染物时禁止起降。

(3) 在有关的气象报告和预报表明目的地机场跑道在预计着陆时刻可能是湿的时，该目的地机场的有效跑道长度应当至少为 CCAR-121 部所要求的跑道长度的 115%，否则该飞机不得起飞。

(4) 在有关的气象报告和预报表明目的地机场跑道在预计着陆时刻可能是被污染的时，该目的地机场的有效跑道长度应当至少为以下距离中的较大者：CCAR-121 部所要求的跑道长度的 115%，以及根据认可方法计算得出的污染跑道实际着陆距离数据确定的着陆距离的 115%，否则该飞机不得起飞。

到达时的着陆距离评估是在考虑到飞行员的工作负荷的基础上，在尽可能接近目的地机场的地方由飞行员根据实际条件而不是签派放行时的预报条件来进行的着陆距离的评估。这些实际条件包括气象条件(机场气压高度、风向和风速等)、跑道条件、进场速度、飞机重量和构型以及将要使用的减速设备等。之所以选择接近目的地机场的地方，是为了获得最接近实际着陆条件下的气象和道面条件信息，但该位置不得晚于仪表进近程序的起始点或目视进近起落航线的加入点。

航空公司应为飞行机组提供相关的程序以便其根据到达时的实际条件而不是签派放行时的预报条件来进行着陆距离的评估。飞行机组进行了着陆距离的评估之后，如果不能保证将要使用的跑道的可用着陆距离满足飞机在实际条件下以着陆时的构型实现全停后，仍然留有至少15%的安全余量，就不得进行着陆。

但并不意味着每次着陆前必须进行一个特定的着陆距离计算。多数情况下由于起飞前的计算准则已经计入了较大的安全余量，所以在到达时的着陆距离能够满足至少15%的安全余量要求。只有在航路飞行中目的地机场的相关条件(如道面条件、将要使用的跑道、风、飞机的着陆重量/构型/速度/减速设备等)变差的情况下，需要采用计算或其他方法来确定实际着陆距离。航空公司应该建立相关程序来确定何时必须采用计算或其他方法来确定预计的实际着陆距离，以保证安全余量。

4. 道面强度限制

飞机跑道除要承受飞机的重量之外，还要承受飞机降落时的冲击力，所以跑道必须具有一定的强度。早期的飞机重量仅几百千克，只要把土地压实以后就可以当作跑道。随着飞机重量和速度的增加，人们对跑道的要求也越来越高，相继出现了沙石道面、沥青道面、混凝土道面等各种跑道。现在大中型机场的跑道，基本上都是采用钢筋混凝土结构建造。所起降的飞机重量越大，钢筋混凝土的厚度也越厚。中型机场的跑道厚度一般在20cm以上，如果是可以起降波音747飞机的大型机场，其跑道厚度在35cm以上。从对跑道的强度要求来说，决定一架飞机能不能使用这条跑道，主要取决于：飞机轮胎对地面的压强及飞机起降的速度，而不单是飞机的总重量。压强是指在单位面积上所承受的力。对飞机而言，如果它的轮胎接地面积大或机轮数目多，飞机对地面的压强就小，也就可以在强度比较低的跑道上起降；此外起降速度小的飞机对地面的冲击和摩擦都较小，因此对跑道强度的要求也低。影响飞机使用跑道的其他因素还有飞机轮胎内压、飞机装载量等。

为保证飞机起降的安全，国际民用航空组织规定各会员国对向外开放的飞机场，施行道面强度通报。通报方法为对于重量大于5700kg的重型飞机使用的道面，用飞机等级序号—道面等级序号法(ACN-PCN)通报。ACN(Aircraft Classification Number)是飞机在规定的标准地基强度的道面上的相对影响序号。PCN(Pavement Classification Number)是运行次数不受限制的道面承载强度的序号。当飞机的ACN等于或小于道面的PCN时，表明这种飞机可在该道面上不受限制地运行。

ACN表示飞机等级序号。飞机分类值由飞机、道面种类和道面等级等因素综合测算得出。ACN由ICAO测算并列表，根据此表格ACN值根据两个重量提供，一个是最大起飞重量，另一个是空运行重量。若飞机重量在这两个重量之间，则ACN值根据这两个重量的线性值来获得。

PCN表示道面等级序号。PCN值表示在不限制飞机运动的情况下道面的承受能力，道面承载强度的报告格式采用如下报告格式：PCN值/道面类型/土基强度/胎压限制/评定方法。

(1)PCN值。

(2)道面类型：R—刚性道面；F—柔性道面。

(3)土基强度：A—高；B—中；C—低；D—极低。

(4)道面可用最大轮胎压力：W—高；X—中(<1.5MPa)；Y—低(<1.0MPa)；Z—极低(<0.5MPa)。

(5)道面评估方法：T—技术评估；U—根据以往飞机的使用情况。

例如，石家庄正定机场道面等级序号为 63/R/B/W/T，表示机场跑道 PCN 值为 63、硬跑道 B 类、对飞机轮胎压力无限制、道面评估为技术评估。如果已知 B777 飞机在刚性道面、中等强度土基的跑道上 ACN 值为 47。因为 47<63，所以 B777 飞机在石家庄正定机场跑道活动无限制。

在不限制飞机运动的情况下使用道面，ACN 值应等于或低于 PCN 值。在机场当局的特许下可能允许超载情况。如果该机型的年度飞行次数不超过机场年度总的飞行次数的 5%，飞机的 ACN 值可以大于跑道道面的 PCN 值，对于刚性道面，ACN 值最大可比 PCN 值大 5%；对于柔性道面，ACN 值最大可比 PCN 值大 10%。

有了这种评估方法，飞机在使用跑道时就有了灵活性。例如，飞机如果必须在 PCN 值低的跑道上做起降时，它可以通过减载使 ACN 下降，达到安全飞行的目的。B747 飞机最大的起飞重量将近 400t，它的起落架装有 16 个大型机轮，ACN 值只有 55；而仅为 B747 总重量 70%的 MD-11 客机的 ACN 值却高达 68，这就意味着能供 MD-11 飞机起降的机场比 B747 还少。但并不是 ACN 值越低就越好，ACN 值的降低主要是通过增加飞机机轮的数量和降低轮胎内压来实现的，但这将会大大增加飞机自身的重量。如果利用这些重量来装运货物或载运乘客，航空公司就能增加收入；如果用来装燃油，飞机就可以增加航程。因此降低 ACN 值虽然可以使跑道的条件降低，增加可以起降的机场数目，使飞机的活动范围扩大，但要付出相应的代价。这个代价就是降低了飞机的使用效率，即使用同量的燃油而能运载的旅客及货物却减少了。因此，对于高 PCN 值的大型机场，MD-11 飞机的效率就比较高；而在 PCN 值较低的机场，MD-11 等 ACN 值较高的飞机运行就受到限制。

5.2.4 飞机航线运营应进行的飞机性能分析内容

某种机型在投入某一航线运营之前，必须对该机型飞机性能进行航线的适应性分析，这对保证飞行安全、提高经济效益是一项必不可少的工作。前述中可以发现飞行性能的约束条件非常多。

1. 机场和航线的适应性

1)机场和航线的适应范围

(1)机场高度限制：飞机起飞着陆机场的气压高度不得高于飞机飞行手册规定的最大值。

(2)跑道坡度限制：飞机起飞、着陆使用的跑道坡度不得超出飞机飞行手册的限制。

(3)飞行高度限制：飞机航路飞行的最大高度不得高于飞机飞行手册及其增补规定的最大飞行高度；最低飞行高度不得低于航路最低安全高度。

(4)温度限制：飞机起飞、着陆和飞行中的大气温度不得超出环境包线的限制。

(5)纬度限制：飞机使用的机场和航线的纬度不得高于飞机飞行手册规定的最大

纬度值。

2) 机场道面承载能力

查阅机场使用细则获得起飞机场、起飞备降机场、航路备降机场、目的地机场、目的地备降机场跑道、滑行道、停机坪的长、宽、坡度、道面等级 PCN 值等资料。

检查飞机最大起飞重量对应的飞机等级 ACN 值是否小于或等于以上各机场的 PCN 值。若飞机的 ACN 值大于机场跑道的 PCN 值，则需按 ACN 值等于 PCN 值确定道面承载能力限制的起降重量。如果该机型的年度飞行次数不超过机场年度总的飞行次数的 5%，则飞机的 ACN 值可以大于跑道道面的 PCN 值。对于刚性道面，ACN 值最大可比 PCN 值大 5%；对于柔性道面，ACN 值最大可比 PCN 值大 10%。

3) 机场使用等级及保障能力

(1) 了解所用各机场的跑道、滑行道、联络道及道肩的宽度，查看飞机特性手册，确定飞机是否适合在这些机场运行。如果个别滑行道或联络道的宽度或 PCN 值不适合该飞机滑行，则需注明，以免飞机误滑。若跑道两端无联络道或滑行道，则需了解机场的跑道两端有无回转坪，考虑能否使飞机做 180°转弯。

(2) 了解机场的使用等级。检查航空燃油型号、加油车、客梯车(或廊桥)、集装箱装卸车、平台车、拖车等以及配餐、给排水、垃圾处理是否满足要求；了解维修能力、消防、救护能力是否匹配(对于国际航班还应考虑海关、边检和卫生检疫)；要注意有无气源车、电源车、空调车等，并了解保障车辆的接口、插头是否与机型匹配。对于寒冷地区的机场，需了解机场的扫雪、除冰能力以及对飞机的除冰、防冰能力。

(3) 了解机场有无对飞机噪声等级等的特殊要求。

2. 机场起飞着陆性能分析

根据起飞机场、起飞备降机场、航路备降机场、目的地机场、目的地备降机场跑道的可用起飞距离、可用滑跑距离、可用加速-停止距离、可用着陆距离、跑道坡度、机场标高、机场障碍物等数值，按照经批准的飞行手册及其增补的有关内容，计算机场的起飞限重表、着陆重量表。

1) 起飞性能分析

(1) 飞机的起飞重量计算需考虑：场地限制、起飞爬升限制、轮胎速度限制、刹车能量限制、越障能力限制、结构强度限制等。

(2) 有些机场的标高和气温较高或在中远距离处有障碍物限制，但跑道较长，可采用改善爬升性能等提高 V_2 数值的类似方法增加飞机的起飞重量。

(3) 除计算干跑道的起飞重量外，需计算湿跑道和污染跑道的起飞重量或提供相应的修正资料。

当飞机的实际起飞重量小于性能限制的最大允许起飞重量时，在条令允许的情况下，可使用假设温度法减推力起飞(灵活推力起飞)，从而减少发动机的损耗。减推力起飞应遵守飞机飞行手册的要求，推力减少量不得超过正常起飞推力的 1/4。在污染跑道或当有最低设备清单上规定的不可减推力起飞的故障时，必须使用全推力起飞。

2) 着陆性能分析

在对飞机的着陆重量计算时需考虑以下几点：

(1) 着陆场地长度限制；

(2) 进近爬升和着陆爬升梯度限制；

(3) 飞机结构强度限制。

在某些高原机场的进近爬升梯度和复飞爬升梯度对着陆重量有限制时，还可以考虑采用较小挡的进近和着陆襟翼。

3. 起飞应急程序

对于某些障碍物较多的特殊机场，为在保障飞行安全的前提下使用较大的起飞重量，应按照经批准的飞行手册及其增补的有关内容制定起飞应急程序。如果应急程序要求本场着陆或要求目视避开障碍物，那么需注明起飞最低天气标准。

若在着陆过程中出现一发失效且无法安全着陆的情况，则可选用同方向的起飞应急程序飞行。对于单向起降机场，若飞机的单发性能达不到程序要求的复飞梯度，则需制定合适的一发失效的决断高度/高或最低下降高度/高，并注明此高度/高，以便于飞行员使用。

对于新建和改、扩建机场，要充分考虑飞机一发失效应急程序的制作问题，特别是净空条件复杂、起降两端障碍物较多的机场。若这些机场位于高原、高温地区，一发失效应急程序的制作更为关键。在修建这些特殊机场时，要选用参考机型制作典型的一发失效应急程序，以供航空公司在这些机场运行时制作符合自己机型性能特点的应急程序时参考。有些机场可能会因飞机一发失效应急程序的需要而额外处理障碍物、增设导航设施，有的机场可能会因一发失效应急程序而调整修建方案。

4. 航线油量及业载评估

1) 航线油量及备降机场选择

(1) 进行业载评估时一般分冬夏两季，要计算各机场的最大允许起飞重量、着陆重量，机场参考温度分别取各机场 85%可靠性的冬夏季气温，地面风一般取 0。根据飞机所飞航线的距离、巡航高度以及备降机场的情况，按照航路 85%可靠性风和温度计算航程油量、航程时间和备份油量。

(2) 选择的备降机场必须满足该机型的起降性能、保障能力的要求，同时也要考虑目的地机场与备降机场的距离及天气情况，尽量避免目的地机场与备降机场处于同一天气系统。

2) 起飞业载分析

飞机的业载应当满足本次任务的可用起飞重量、可用着陆重量和最大无油重量的约束。

业载也可能因受航路下方的障碍物限制，即一发故障后飘降越障限制而减小。

3) 无加油能力机场的特定分析

若目的地机场没有航空燃油供应，则飞机起飞时需带回程油，或带飞往下一目的地机场的油量，需重新核减飞机的业载。

注意检查计算的起飞油量不得大于油箱最大油量。有时应特别注意飞行手册及其增补中对飞机和燃油系统是否有附加的限制和操作程序。

4) 二次放行的应用

对于远程国际航线，可以采用二次放行的方法减小航路备份油量，从而有效地增加业载。

5. 航线安全性分析

1) 飘降分析

根据航路上地形和障碍物的标高以及飞机飞到某点时的实际重量，以航路 85%可靠性温度确定飞机飘降的净改平高度，结合航路 85%可靠性风检查飞机是否能以规定的余度超越地形或障碍物。对于双发飞机需考虑一发失效的飘降，对于三、四发飞机除考虑一发失效的飘降外，若航路某点与航路备降机场的距离大于全发飞行 90min 时间的距离，则还需考虑二发同时失效的飘降问题。若在整个航线上飞机飘降的净改平高度均能以规定的余度超越地形或障碍物，则不存在飘降问题。

若航线上存在飘降问题，则需要地图作业，确定决断点，根据航路地形剖面可确定一个、两个或多个决断点(一般为 1～2 个决断点，若必须选用航路备降机场，则可能有多个决断点)。

对于采用以上办法仍不能安全超障的，可采取以下三种办法：

(1) 为飞机申请较高的巡航高度；

(2) 航路偏航；

(3) 减小飞机的起飞重量。

2) 供氧与紧急下降程序

中国民航对氧气要求有具体的规定，飞机在巡航高度飞行遇到飞机释压时，标准的处置程序为紧急下降至 10000ft，然后平飞。飞机自带的固体氧气发生器产生的氧气一般能维持旅客供氧若干分钟。如果航路最低安全高度较高，则飞机不能下降到 10000ft，需在较高的高度飞行，例如，在高原航线(成都—拉萨航线等)上的运行，这样需按规定精确计算氧气的需要量，必要时给飞机加装氧气瓶。

固体氧气发生器一般有供氧时间 11min 和 22min 两种规格，由于二者体积不同，因此改装比较麻烦。固体氧气发生器要改为氧气瓶供氧则花费巨大，但用氧气瓶供氧的飞机增加氧气量比较方便。因此，在飞机选型时应该对供氧问题仔细分析，避免日后改装的麻烦。

当航路一侧地形较低，出现飞机释压时，偏航或改航飞往地形较低的一侧也是较好的办法。有时因氧气供应问题需为飞机选用航路备降机场。

6. 需考虑的其他因素

(1) 检查空中交通管制(ATC)的指挥(调整起飞油量的原则)。

有时飞机因 ATC 实施管制的需要不能按照所选定的较近的航路飞行，需向飞行员了解实际情况，从而增加起飞燃油作为航线特殊备份燃油。

(2) 需对老龄飞机的飞机性能进行监控，对于油耗明显增大的飞机需重新核定燃油政策和油量标准。

(3) 水上飞行的要求。需检查飞机所带的应急救生设备是否满足 2001 年 4 月 20 日起生效的《民用飞机运行的仪表和设备要求》(AR93001R2) 5.24 节、5.25 节的要求。

(4) 在某些高原机场运行，需考虑快速过站最大重量限制和最小停机时间(刹车冷却)问题。

(5) 有些航线要求飞机具备缩小垂直间隔(RVSM)能力、区域导航(RNAV)能力，或有所需导航性能(RNP)限制，或起降机场或航线地形较高，要求飞机具备改装或调整特殊设备/系统(如在拉萨贡嘎、昌都邦达等机场起降的飞机要重新调定氧气面罩自动脱落控制系统)才可以运行，对于满足条件的飞机的注册号要特别标明。

(6) 燃油差价。

对于起飞机场油价便宜而目的地机场油价较贵的航线，经计算后符合实施燃油差价情况的，在做航线分析时需在保证业载的前提下利用燃油差价为航空公司节约成本。

(7) 对于某些国际飞行，尚需考虑所飞国家的法规对飞机性能的限制是否有别于CAAR、ICAO、FAR、JAR 的要求。

7. 航线飞机性能分析的结果

所有分析完成后，要把每项分析的结果进行综合。根据各机场 PCN 限制的重量、冬夏两季起飞机场允许的起飞重量、目的地机场允许的着陆重量、航程油量、备份油量和飘降限制的重量确定该机型在该起飞机场冬夏两季的参考起飞重量，再结合目的地机场是否能加油，计算出冬夏两季该机型在该航线的参考业载。

若在飞机性能分析中存在着限制条件，则把所有限制条件和飞行中的相关注意事项逐一列出。例如，飞行高度的限制、PCN 值对重量的限制、禁止使用的部分滑行道和联络道的编号、机场保障和服务方面的缺陷、所用机场一发失效的应急程序图和文字说明、单向起降机场因复飞梯度导致提高的一发失效决断高度、无加油能力机场的名称、飘降分析的决断点、剖面图和供氧要求的时间(如飘降或供氧要求偏航、改航，应另附文字说明和平面图)、该航路是不是 ETOPS 航路及航路备降机场的清单、水上设备的要求、在某些机场刹车冷却要求的最小停机时间，还有满足此航线特殊要求的该机型机队飞机的注册号。

必须按照以上的要求逐一进行分析，对于不存在问题的项目也要列出并申明，例如，航线安全性分析中“该航线最低安全高度为 2700m，不存在飘降和供氧问题”。

将上述内容作为整个分析的总结果单独附在该航线飞机性能分析的后面，一并报民航地区管理局。在获得民航地区管理局的批准后，再将这些内容发送给市场销售部门、飞行队、签派室和配载部门执行。

航空承运人的某种机型开辟或加入某一航线运行，要参照咨询通告对飞机使用性能要求的各个方面进行分析后，作为航线运行资格申请的附件之一报民航地区管理局。民航地区管理局对将所附的《飞机使用性能分析》，作为对航空承运人关于该种机型在这一航线的运行资格进行审查的重要内容之一，连同其他项目审查合格后最终通过修改运行规范的方式予以批准。航空承运人做飞机性能分析时要按交叉检查的原则，至少要有 2 名飞机性能工作人员进行。在航空承运人获得该机型在该航线的运行批准后，要将为飞机航线运营所做的飞机性能分析存盘。民航地区管理局和航空承运人各保存 1 份。但是飞机在每次飞行时，要根据当时的跑道状况、实际业载、机场和航路的温度、风计算的起飞重量、航线油量来实施运行。

5.3 机组要求

依据《中华人民共和国民用航空法》，航空人员是指下列从事民用航空活动的空勤人员和地面人员，分为：空勤人员，包括驾驶员、飞行机械人员、乘务员；地面人员，包括民用航空器维修人员、空中交通管制员、飞行签派员、航空电台通信员。

航空人员应当接受专门训练，经考核合格，取得国务院民用航空主管部门颁发的执照，方可担任其执照载明的工作。空勤人员和空中交通管制员在取得执照前，还应当接受国务院民用航空主管部门认可的体格检查单位的检查，并取得国务院民用航空主管部门颁发的体格检查合格证书。

每次飞行的空勤人员必须编成机组，机组是飞行安全的直接责任者，运行控制人员需要从机组的资格、能力、执勤时间等多方面分析其能否胜任当前运行。

(1) 飞行机组成员：是指飞行期间在飞机驾驶舱内执行任务的驾驶员和飞行机械员；

(2) 机组成员：是指飞行期间在飞机上执行任务的航空人员，包括飞行机组成员和客舱乘务员；

(3) 机长：是指经航空公司指定，在飞行时间内对飞机的运行和安全负最终责任的驾驶员；

(4) 客舱乘务员：出于对旅客安全的考虑，受航空公司指派在客舱执行值勤任务的机组成员。

5.3.1 人员条件和限制

所有参与运行的航空人员必须持有局方颁发的相应的现行有效航空人员执照或证件，在运行时按照要求携带现行有效的航空人员执照、体检合格证和其他必需的证件。航空公司不得使用已满63周岁的人员在按照CCAR-121部运行的飞机上担任飞行机组必需成员。

航空公司的飞行机组应当至少配备两名驾驶员，并且应当指定一名驾驶员为机长。飞行中，机长因故不能履行职务的，由仅次于机长职务的驾驶员代理机长，在下一次起飞前应当指派新机长接任。民用航空器的操作由机长负责，机长应当严格履行职责，保护民用航空器及其所载人员和财产的安全。机长在其职权范围内发布的命令，民用航空器所载人员都应当执行。当遇到特殊情况时，为保证民用航空器及其所载人员的安全，机长有权采取一切必要措施，并指挥机组人员和航空器上其他人员采取抢救措施。

航空公司应当为所有机组成员提供充分的训练，包括新雇员训练、初始训练、转机型训练、差异训练、应急生存训练、定期复训以及对应的飞行训练，对于副驾驶转升同一型别的飞机机长的人员还应接受升级训练。对应当进行定期复训、飞行检查或者资格检查的机组成员，在要求进行训练或者检查的那个日历月之前一个或者之后一个的日历月中完成了训练或者进行了检查的，则视为在所要求的那个日历月中完成了训练或者进行了检查。

机长不仅应当满足 CCAR-61 部中对申请航线运输驾驶员执照所规定的资格要求和

经历要求，而且在担任机长之前还需满足下列时间条件：

(1)对于最大起飞全重136000kg(含)以下的飞机，应当曾担任其他机型机长飞行一年以上且总驾驶员飞行经历时间不少于2200h；若不具有机长经历，则其总驾驶员飞行经历时间不得少于2700h；

(2)对于最大起飞全重136000kg(不含)以上的飞机，应当曾担任其他机型机长飞行一年以上且总驾驶员飞行经历时间不少于4000h；若不具有机长经历，则其总驾驶员飞行经历时间不得少于5500h。

5.3.2 机组成员的合格要求

1. 驾驶员的执照要求

只有持有航线运输驾驶员执照和该飞机相应型别等级的驾驶员，方可在按照CCAR-121部运行的飞机上担任机长，或者在需要三名(含)以上驾驶员的运行中作为巡航机长。巡航机长是指在配备三名含以上驾驶员的运行中，在巡航阶段替代机长工作的驾驶员，该驾驶员除不满足规定的运行经历外，应当完全合格于在该型别飞机上担任机长。

只有至少持有商用驾驶员执照和飞机类别、多发等级、仪表等级或者持有多人制机组成员执照的驾驶员，方可在按照CCAR-121部运行的飞机上担任副驾驶。

2. 驾驶员使用限制和搭配要求

航空公司应当建立一套飞行机组排班系统，保证科学合理地搭配飞行机组成员，安全地完成所分派的任务。在安排飞行机组搭配时，应当至少有一名驾驶员在该型别飞机上具有100h的航线飞行经历时间。搭配飞行机组成员时应当考虑以下因素：

(1)飞行机组成员的经历、资格满足所飞区域、航路、机场和特殊运行的要求；

(2)飞行机组成员对所飞机型得到充分训练，使用设备、操纵飞机的整体能力满足运行要求；

(3)飞行机组成员的年龄和性格特征；

(4)所执行的飞行任务的其他特点。

如果副驾驶在所飞机型上的飞行经历时间少于100h，并且机长不具备飞行检查员或者飞行教员资格，则在下列情况下，必须由机长完成所有起飞和着陆：

(1)在局方规定或者航空公司规定的特殊机场；

(2)机场的最新气象报告中有效能见度值等于或者小于1200m(3/4mile)，或者跑道视程(RVR)等于或者小于1200m(4000ft)，或者在机场附近据报告有风切变；

(3)所用跑道有积水，或刹车效应据报告低于“好”的水平，或侧风分量超过7m/s(15n mile/h)，或存在风切变等严重影响性能的情况。

3. 驾驶员的近期经历要求

除非该驾驶员于前90个日历日之内，在所服务的该型别飞机上，至少已做过三次起飞和着陆。否则，航空公司不得使用任何驾驶员，任何驾驶员也不应在按照CCAR-121部运行中担任飞行机组必需成员。在任一连续的90个日历日内未能完成要求的三次起飞和着陆的人员，应当重新建立近期经历。

(1) 在飞行检查员的监视下，在所飞的该型别飞机上，或者在经批准的飞行模拟机上，至少完成三次起飞和着陆；

(2) 前述三次起飞和着陆应当包括至少一次模拟最临界发动机失效时的起飞、至少一次使用仪表着陆系统进近到该航空公司经批准的仪表着陆系统最低天气标准的着陆和至少一次全停着陆。

4. 航线检查和熟练检查

机长应当在前 12 个日历月内，在其所飞的一个型别飞机上通过航线检查，在检查中圆满完成机长职责。航线检查应当由在该航路和该型别飞机两方面都合格的飞行检查员实施，并且至少有一次检查飞行是在航空公司的典型航路上进行的。

担任飞行机组必需成员的驾驶员应当在前 6 个日历月之内在所服务的机型上完成熟练检查，否则不得担任飞行机组必需成员。

熟练检查应当包括 CCAR-121 部规定的飞行操作程序和动作，由局方监察员、局方委任代表或者航空公司的飞行检查员进行，其可以要求被检查的驾驶员，重复他认为对判断驾驶员熟练程度所必需的任何其他动作。如果被检查的驾驶员未通过熟练检查，则航空公司不得在运行中使用该人员，该人员也不得在运行中任职，直至其满意地完成熟练检查为止。

5.3.3 机组值勤期和飞行时间限制

航空公司在运行中，应当建立机组成员疲劳风险管理和定期疗养的制度，应当保证其机组成员符合值勤期限制、飞行时间限制和休息要求。任何违反规定的人员不得在运行中担任机组必需成员。

(1) 日历时间段是按照日历划分的时间段。例如，日历日是指按照世界时或当地时间划分的时间段，从当日 00:00 至 23:59 的 24h；日历月是指按照协调世界时或者当地时间划分，从本月 1 日 00:00 到下个月 1 日 00:00 之间的时间段。

(2) 置位是指机组成员根据合格证持有人的要求为完成指派的飞行任务，作为乘员乘坐飞机或地面交通工具，但不包括其往返当地适宜的住宿场所的交通。置位属于值勤，置位时间不能作为休息时间。

(3) 主备份是指机组成员根据合格证持有人的要求，在机场或合格证持有人指定的特定地点随时等待可能的任务。

(4) 值勤是指机组成员按照合格证持有人的要求执行的所有任务，包括但不限于飞行值勤、置位、备份(包括主备份和其他备份)和培训等。

(5) 飞行值勤期是指机组成员接受合格证持有人安排的飞行任务后(包括飞行、调机或转场等)，从为完成该次任务到指定地点报到时刻开始，到飞机在最后一次飞行后发动机关车且机组成员没有再次移动飞机的意向为止的时间段。一个飞行值勤期还可能包括机组成员在某一航段前或航段之间代表航空公司执行的其他任务，但没有必要休息期的情况(如置位、主备份、飞机或模拟机培训发生在某一航段前或航段之间，但没有安排必要的休息期)。在一个值勤期内，若机组成员能在适宜的住宿场所得到休息，则该休息时间可以不计入该飞行值勤期的值勤时间。

(6) 飞行时间是指飞机为准备起飞而借自身动力开始移动时起，直到飞行结束停止移动的时间。注意：飞行经历时间是指机组必需成员在其值勤岗位上执行任务的飞行时间，即在座飞行时间。

(7) 休息期是指从机组成员到达适宜的住宿场所起，到为执行下一次任务离开适宜的住宿场所为止的连续时间段。在该段时间内，合格证持有人不得为机组成员安排任何工作和给予任何打扰。值勤和为完成指派的飞行任务使用交通工具往来于适宜住宿场所与值勤地点的时间不计入休息期。

航空公司必须按照 CCAR-121 部的规范，基于机组人数、休息环境、报到时间、结束时间、运行场景等多种因素，确定机组的值勤时间、飞行时间和休息时间限制。

通常在一个值勤期内，双人制飞行机组的计划值勤时间最多为 14h，飞行时间最多为 9h；如果扩编飞行机组，则计划值勤时间最多为 20h，飞行时间最多为 17h。

同时航空公司还需要考虑机组成员的累积飞行时间和值勤时间限制，不得为飞行机组成员安排、飞行机组成员也不得接受超出以下规定限制的飞行时间和值勤时间：

(1) 任一日历月，100h 的飞行时间；

(2) 任一日历年，900h 的飞行时间；

(3) 任何连续 7 个日历日，60h 的飞行值勤期；

(4) 任一日历月，210h 的飞行值勤期。

此限制包括飞行机组成员在一段时期内代表航空公司所执行的所有飞行时间，不仅包含定期载客运行和补充运行，也包括训练、调机和作业飞行等。

航空公司不得为客舱乘务员安排、客舱乘务员也不得接受超出以下规定限制的累积飞行时间和值勤时间：

(1) 任一日历月，100h 的飞行时间；

(2) 任一日历年，1100h 的飞行时间；

(3) 任何连续 7 个日历日，70h 的飞行值勤期；

(4) 任一日历月，230h 的飞行值勤期。

客舱乘务员在飞机上履行安全保卫职责的时间应当计入客舱乘务员的飞行时间和值勤时间。

航空公司不得在机组成员规定的休息期内为其安排任何工作，该机组成员也不得接受任何工作。任一机组成员在飞行任务或主备份前的 144h 内，航空公司应为其安排一个至少连续 48h 的休息期。

若飞行值勤期的终止地点所在时区与机组成员的基地所在时区之间有 6h 或者 6h 以上的时差，则当机组成员回到基地以后，航空公司必须为其安排一个至少连续 48h 的休息期，并且这一休息期应当在机组成员进入下一值勤期之前安排。

除非机组成员在前一个飞行值勤期结束后至下一个飞行值勤期开始前，获得了至少连续 10h 的休息期，否则航空公司不得安排且任何机组成员也不得接受任何飞行值勤任务。如果航空公司为机组成员安排了其他值勤任务，那么该任务时间可以计入飞行值勤期，如果不计入飞行值勤期，那么在飞行值勤期开始前应当为其安排至少 10h 的休息期。

5.4 空域使用和空管要求

5.4.1 飞行管制

依据《中华人民共和国民用航空法》，中华人民共和国领陆和领水之上的空域为中华人民共和国领空。中华人民共和国对领空享有完全的、排他的主权。在一个划定的管制空域内，由一个空中交通管制单位负责该空域内的航空器的空中交通管制。民用航空器在管制空域内进行飞行活动，应当取得空中交通管制单位的许可。

依据《中华人民共和国飞行基本规则》，空域管理应当维护国家安全，兼顾民用、军用航空的需要和公众利益，统一规划，合理、充分、有效地利用空域。空域的划设应当考虑国家安全、飞行需要、飞行管制能力和通信、导航、雷达设施建设以及机场分布、环境保护等因素，通常划分为机场飞行空域、航路、航线、空中禁区、空中限制区和空中危险区等。其中航路分为国际航路和国内航路，宽度为20km，应当确定上限和下限，航路的某一段受到条件限制的，可以减少宽度但不得小于8km。

在中华人民共和国境内飞行的航空器，必须遵守统一的飞行规则，全国的飞行管制工作由中国人民解放军空军统一组织实施，各有关飞行管制部门按照各自的职责分工提供管制服务。飞行管制的基本任务包括以下方面：

(1) 监督航空器严格按照批准的计划飞行，维护飞行秩序，禁止未经批准的航空器擅自飞行；

(2) 禁止未经批准的航空器飞入空中禁区、临时空中禁区或者飞出、飞入国(边)境；

(3) 防止航空器与航空器、航空器与地面障碍物相撞；

(4) 防止地面对空兵器或者对空装置误射航空器。

在中华人民共和国境内，所有飞行必须预先提出申请，经批准后方可实施。航空器使用航路和航线，应当经负责该航路和航线的飞行管制部门同意。获准飞出或者飞入中华人民共和国领空的航空器，以及实施飞出或者飞入中华人民共和国领空的飞行和各飞行管制区间的飞行，必须经中国人民解放军空军批准；飞行管制区内飞行管制分区间的飞行，经负责该管制区飞行管制的部门批准；飞行管制分区内的飞行，经负责该分区飞行管制的部门批准。

民用航空的班期飞行，按照规定的航路、航线和班期时刻表进行；民用航空的不定期运输飞行，由国务院民用航空主管部门批准，报中国人民解放军空军备案。

飞行任务书是许可飞行人员进行转场飞行和民用航空飞行的基本文件。飞行任务书由驻机场航空单位或者航空公司的负责人签发。在飞行任务书中，应当明确飞行任务、起飞时间、航线、高度、允许机长飞行的最低气象条件以及其他有关事项。

5.4.2 空中交通管理

空中交通管理的任务是有效地维护和促进空中交通安全，维护空中交通秩序，保障空中交通畅通。中国民用航空局负责统一管理全国民用航空空中交通管理工作，民航地区管理局负责监督管理本地区民用航空空中交通管理工作。中国民用航空局空中交通管理局和地方空管单位负责实施空中交通管理工作。

空中交通管制容量通常以指定空域和机场在特定时间内最多能够容纳的航空器数量表示。容量取决于多种因素，包括空中交通服务空域和航路的结构、使用该空域的航空器的导航精度、与天气有关的诸种因素以及空中交通管制员的工作量等。

管制单位应当采取措施提供充分的容量以满足正常和高峰时段的交通需要。但是实施增加容量的任何措施时，应当保证安全水平不致受到危害。管制单位提供管制服务的航空器架数不得超过本单位在正常情况下能安全地提供服务的架数。为确定管制单位能够安全处理的最多航空器架数，应当对管制区、管制区内各管制扇区和机场的容量进行评估。

当发生影响公布的空域或者机场容量的事件时，应当适时降低相关空域或者机场的容量。如果可以，应当事先确定发生此事件时的容量。为了保证安全，当空域或者机场的交通需求将超过容量时，应当采取相应措施，调整空中交通流量。

空中交通的需求超过或者将超过公布的容量时，应当实施空中交通流量管理。空中交通流量管理分为先期流量管理、飞行前流量管理和实时流量管理。实施空中交通流量管理的原则是以先期流量管理和飞行前流量管理为主，实时流量管理为辅。

当管制扇区或者机场的空中交通需求已经或者将超负荷时，管制单位应当通知相关的管制单位，以及规定的空中交通流量管理单位。如果可以，管制单位应当将可能的延误和限制情况通知飞往该区域的航空器驾驶员和有关航空公司。有关机场、航空器驾驶员和航空公司运行控制人员应当配合管制单位的流量控制。

为了防止交通流量超过负荷，管制单位可以采取增开扇区或者限制起飞、着陆时刻和空中等待等措施。区域管制单位可以限制本管制区内机场的起飞或者进入移交点时刻；可以向相邻管制单位提出飞入本管制区航空器的限制条件。进近管制单位可以向相邻区域管制单位提出对飞入本管制区航空器的限制条件。塔台管制单位可以向相邻区域或者进近管制单位提出对飞入本管制区航空器着陆时刻的限制；限制航空器的推出和起飞时刻。上述管制单位提出限制要求时，应当将限制的原因、要求及时间通知其他有关管制单位，由该管制单位向航空器发出限制指令。

思 考 题

1. CCAR-121 部对于一台发动机不工作的航路限制是什么？
2. CCAR-121 部对于涡轮喷气飞机的机场着陆限制是什么？
3. CCAR-121 对于涡轮发动机驱动的运输类飞机净飞行轨迹越障要求是什么？
4. 对于选取起飞备降机场的距离要求是什么？
5. 论述干跑道、湿跑道、污染跑道所需着陆距离的关系？
6. 跨水运行时的应急设备要求有什么？
7. 什么是 MEL？什么是 CDL？当起飞后飞机出现故障时能否使用 MEL？
8. 机长的权力有什么？

9. 驾驶员的近期经历要求是什么？熟练检查和航线检查的时间是多少？
10. 飞行员的月度和年度飞行时间限制是多少？
11. 什么是置位？什么是值勤？机组的值勤期和休息时间要求是什么？
12. 什么是飞行管制？由哪个单位负责？
13. 为防止流量超出限制，管制部门可以采取哪些措施限制流量？
14. 什么是污染跑道？污染跑道的运行限制是什么？
15. 简述飞机航线运营应如何实施性能分析工作。
16. 使用下列起飞分析表(图 5.18 和图 5.19)判断，当外界温度为 30℃，静风，飞机

A319111 - JAA	CFM56-5B5 engines	PARIS - CHARLES DE GAULLE	26L	16.0.3 17-JUL-00 AD111A03 *V10
QNH 1013.25 HPA Air cond. Off Anti-icing Off All reversers operating No reversers on dry runway		Elevation 316 FT TORA 2700 M Isa temp 14 C TODA 2760 M rwy slope 0.23% ASDA 2700 M FOR TRAINING ONLY	1 obstacle	DRY

OAT C	CONF 1+F				CONF 2			
	TAILWIND −10 KT	WIND 0 KT	HEADWIND 10 KT	HEADWIND 20 KT	TAILWIND −10 KT	WIND 0 KT	HEADWIND 10 KT	HEADWIND 20 KT
−15	72.0 3/3 145/45/50	74.3 2/3 152/52/57	74.9 2/3 155/55/60	75.5 2/3 157/57/62	72.0 3/3 145/45/49	73.7 2/3 153/53/58	74.1 2/3 156/56/60	74.5 2/3 158/58/63
−5	71.4 3/3 143/43/47	73.8 2/3 151/51/56	74.5 2/3 153/53/58	75.1 2/3 156/56/61	71.4 3/3 143/43/48	73.4 3/3 152/52/56	73.8 2/3 155/55/59	74.2 2/3 157/57/61
5	70.8 3/3 141/41/46	73.3 3/3 149/49/54	74.0 2/3 152/52/57	74.7 2/3 155/55/59	70.9 3/3 141/42/46	72.9 3/3 150/50/55	73.5 3/3 153/53/58	73.9 2/3 156/56/60
15	70.1 3/3 139/39/44	72.8 3/3 148/48/53	73.5 3/3 150/50/55	74.2 3/3 153/53/58	70.3 3/3 139/40/44	72.4 3/3 148/49/53	73.0 3/3 151/51/56	73.5 3/3 154/54/59
25	69.4 3/3 137/38/43	72.1 3/3 146/46/51	72.9 3/3 148/49/54	73.6 3/3 151/52/56	69.7 3/3 137/39/43	71.8 3/3 146/47/51	72.4 3/3 149/50/54	73.0 3/3 152/53/57
35	68.7 3/3 136/36/41	71.5 3/3 144/45/49	72.3 3/3 147/47/52	73.0 3/3 149/50/55	69.0 3/3 136/37/41	71.3 3/3 144/45/49	71.9 3/3 147/48/52	72.5 3/3 150/51/55
44	68.1 3/3 134/35/40	70.9 3/3 142/43/48	71.7 3/3 145/46/50	72.4 3/3 148/49/53	68.4 3/3 134/36/40	70.8 3/3 142/44/48	71.4 3/3 145/47/51	72.0 3/3 148/49/53
46	67.3 3/3 134/35/39	70.1 3/3 142/43/47	70.9 3/3 145/45/50	71.6 3/3 147/48/53	67.6 3/3 134/35/39	69.9 3/3 142/43/47	70.6 3/3 145/46/50	71.1 3/3 148/49/53
48	66.3 3/3 134/34/39	69.0 3/3 142/42/47	69.7 3/3 144/45/49	70.5 3/3 147/48/52	66.6 3/3 134/35/39	68.8 3/3 142/43/47	69.4 3/3 145/46/50	69.9 3/3 148/48/52
50	65.4 3/3 134/34/38	67.9 3/3 142/42/46	68.6 3/3 144/44/49	69.3 3/3 147/47/52	65.6 3/3 133/34/38	67.7 3/3 142/42/46	68.2 3/3 145/45/49	68.7 3/3 148/48/52
52	64.4 3/3 133/33/38	66.9 3/3 141/41/45	67.6 3/3 144/44/48	68.2 2/3 146/46/51	64.6 3/3 133/34/38	66.6 3/3 141/42/46	67.2 3/3 144/45/48	67.7 3/3 147/47/51
54	63.5 3/3 133/33/38	65.9 2/3 140/40/45	66.5 2/3 143/43/47	67.1 2/3 145/45/50	63.7 3/3 133/33/37	65.6 3/3 141/41/45	66.1 3/3 144/44/48	66.5 2/3 146/46/50
56	62.6 3/3 133/33/37	64.8 2/3 140/40/44	65.5 2/3 142/42/46	66.0 2/3 144/44/49	62.7 3/3 132/33/36	64.6 3/3 141/41/44	65.0 3/3 143/43/47	65.4 2/3 145/45/49
58	61.6 3/3 132/32/37	63.7 2/3 139/39/43	64.4 2/3 141/41/45	64.9 2/3 144/44/48	61.7 3/3 132/32/36	63.4 2/3 140/40/43	63.9 2/3 142/42/46	64.3 2/3 144/44/48
59	61.1 3/3 132/32/37	63.2 2/3 138/38/42	63.8 2/3 141/41/45	64.4 2/3 143/43/47	61.2 3/3 132/32/36	62.9 2/3 139/39/43	63.3 2/3 142/42/45	63.7 2/3 144/44/47
	INFLUENCE OF RUNWAY CONDITION							
WET	-0.2 -1 -10/ 0/ 0 (+59) -0.2 -1 -10/ 0/ 0	-0.2 -1 -7/ 0/ 0 (+59) -0.2 -1 -7/ 0/ 0	-0.3 -1 -6/ 0/ 0 (+59) -0.3 -1 -6/ 0/ 0	-0.8 -2 -5/ -1/ -1 (+59) -0.8 -2 -5/ 0/ 0	-0.2 -1 -9/ 0/ 0 (+59) -0.2 -1 -9/ 0/ 0	-0.1 -1 -7/ 0/ 0 (+59) -0.1 -1 -7/ 0/ 0	-0.2 -1 -6/ -1/ -1 (+59) -0.2 -1 -6/ 0/ 0	-0.3 -1 -5/ 0/ 0 (+59) -0.3 -1 -5/ 0/ 0

图 5.18 A319 起飞分析表——温度表

采用形态 1+F 时，起飞重量 76t 能否安全起飞？可以设定的灵活温度是多少？若飞行员计划增加燃油，还可以多加多少油？

A319111 - JAA	CFM56-5B5 engines	PARIS - CHARLES DE GAULLE	26L	16.0.3 17-JUL-00 AD111A03 *V10
QNH 1013.25 HPA Air cond. Off Anti-icing Off All reversers operating No reversers on dry runway		Elevation 316 FT TORA 2700 M Isa temp 14 C TODA 2760 M rwy slope 0.23% ASDA 2700 M FOR TRAINING ONLY	1 obstacle	DRY

WEIGHT 1000 KG	CONF 1+F				CONF 2			
	TAILWIND -10 KT	WIND 0 KT	HEADWIND 10 KT	HEADWIND 20 KT	TAILWIND -10 KT	WIND 0 KT	HEADWIND 10 KT	HEADWIND 20 KT
70.0	16 3/3 0.1 139/39/44	45 3/3 0.6 142/43/48	47 3/3 0.3 145/45/50	48 3/3 0.5 147/48/52	19 3/3 0.0 138/40/44	45 3/3 0.5 142/44/48	46 3/3 0.6 145/46/50	47 3/3 0.5 148/49/53
68.0	44 3/3 0.1 134/35/40	49 3/3 0.4 142/42/46	51 3/3 0.1 144/44/48	52 2/3 0.2 146/46/51	44 3/3 0.4 134/36/40	49 3/3 0.2 142/43/47	50 3/3 0.2 145/45/49	51 3/3 0.2 147/48/51
66.0	48 3/3 0.3 134/34/39	53 3/3 0.4 141/41/45	54 2/3 0.5 143/43/47	56 2/3 0.0 144/44/49	49 3/3 0.1 133/35/38	53 3/3 0.1 141/42/45	54 3/3 0.1 144/44/48	54 2/3 0.5 146/46/50
64.0	52 3/3 0.4 133/33/38	57 2/3 0.3 139/39/43	58 2/3 0.4 141/41/45	59 2/3 0.4 143/43/47	53 3/3 0.2 133/34/37	56 3/3 0.6 141/41/44	57 2/3 0.5 143/43/46	58 2/3 0.3 144/44/48
62.0	57 3/3 0.1 133/33/37	59 2/3 1.2 138/38/42	59 2/3 1.8 141/41/45	59 4/7 0.0 125/34/38	57 3/3 0.2 132/33/36	59 2/3 0.9 139/39/43	59 2/3 1.3 142/42/45	59 2/3 1.7 144/44/47
60.0	59 3/3 1.1 132/32/37	59 4/7 0.0 118/28/33	59 4/7 0.0 115/28/33	59 4/7 0.0 111/28/33	59 3/3 1.2 132/32/36	59 4/7 0.0 117/28/32	59 4/7 0.0 113/28/32	59 4/7 0.0 110/28/32
58.0	59 4/7 0.0 114/22/27	59 2/7 0.0 108/22/27	59 2/7 0.0 108/22/27	59 2/7 0.0 108/22/27	59 4/7 0.0 111/21/26	59 2/7 0.0 108/21/26	59 2/7 0.0 108/21/26	59 2/7 0.0 108/21/26
56.0	59 7/7 0.0 108/18/23	59 7/7 0.0 108/18/23	59 7/7 0.0 108/18/23	59 7/7 0.0 108/18/23	59 2/7 0.0 108/15/20	59 2/7 0.0 108/15/20	59 2/7 0.0 108/15/20	59 2/7 0.0 108/15/20
54.0	59 7/7 0.0 108/16/21	59 7/7 0.0 108/16/21	59 7/7 0.0 108/16/21	59 7/7 0.0 108/16/21	59 7/7 0.0 108/14/19	59 7/7 0.0 108/14/19	59 7/7 0.0 108/14/19	59 7/7 0.0 108/14/19
52.0	59 7/7 0.0 108/14/19	59 7/7 0.0 108/14/19	59 7/7 0.0 108/14/19	59 7/7 0.0 108/14/19	59 7/7 0.0 108/14/18	59 7/7 0.0 108/14/18	59 7/7 0.0 108/14/18	59 7/7 0.0 108/14/18
50.0	59 7/7 0.0 108/13/19	59 7/7 0.0 108/13/19	59 7/7 0.0 108/13/19	59 7/7 0.0 108/13/19	59 7/7 0.0 108/14/18	59 7/7 0.0 108/14/18	59 7/7 0.0 108/14/18	59 7/7 0.0 108/14/18
48.0	59 7/7 0.0 108/13/19	59 7/7 0.0 108/13/19	59 7/7 0.0 108/13/19	59 7/7 0.0 108/13/19	59 7/7 0.0 108/14/18	59 7/7 0.0 108/14/18	59 7/7 0.0 108/14/18	59 7/7 0.0 108/14/18
46.0	59 7/7 0.0 108/13/19	59 7/7 0.0 108/13/19	59 7/7 0.0 108/13/19	59 7/7 0.0 108/13/19	59 7/7 0.0 108/13/18	59 7/7 0.0 108/13/18	59 7/7 0.0 108/13/18	59 7/7 0.0 108/13/18
44.0	59 7/7 0.0 109/13/19	59 7/7 0.0 109/13/19	59 7/7 0.0 109/13/19	59 7/7 0.0 109/13/19	59 7/7 0.0 109/13/18	59 7/7 0.0 109/13/18	59 7/7 0.0 109/13/18	59 7/7 0.0 109/13/18
42.0	59 7/7 0.0 109/13/19	59 7/7 0.0 109/13/19	59 7/7 0.0 109/13/19	59 7/7 0.0 109/13/19	59 7/7 0.0 109/13/18	59 7/7 0.0 109/13/18	59 7/7 0.0 109/13/18	59 7/7 0.0 109/13/18
GRAD1/GRAD2 (KG/C)								
	60/****	60/400	50/410	50/420	60/****	50/410	50/420	50/430
INFLUENCE OF RUNWAY CONDITION								
WET	-0.2 -1 -10/ 0/ 0 (+59) -0.2 -1 -10/ 0/ 0	0.0 0 -6/ 0/ 0 (+59) 0.0 0 -6/ 0/ 0	0.0 0 -5/ 0/ 0 (+59) 0.0 0 -5/ 0/ 0	0.0 -1 -4/ 0/ 0 (+59) 0.0 -1 -4/ 0/ 0	-0.2 -1 -9/ 0/ 0 (+59) -0.2 -1 -9/ 0/ 0	0.0 -1 -6/ 0/ 0 (+59) 0.0 -1 -6/ 0/ 0	0.0 0 -5/ 0/ 0 (+59) 0.0 0 -5/ 0/ 0	0.0 0 -4/ 0/ 0 (+59) 0.0 0 -4/ 0/ 0

图 5.19　A319 起飞分析表——重量表

第6章　签派放行

运行控制是指合格证持有人使用用于飞行动态控制的系统和程序，对某次飞行的起始、持续和终止行使控制权的过程。其中对于定期载客运行的起始行使控制权的工作称为签派，对于补充运行的起始行使控制权的工作称为放行。可见签派放行是每一次飞行的必需工作，是保障安全运行的前提条件。

6.1　签派放行要求

6.1.1　签派放行权

1. 国内、国际定期载客运行的签派权

除下述两种情况外，每次飞行应当在起飞前得到飞行签派员的明确批准方可实施。

(1) 对于国内定期载客运行的飞机，在原签派放行单列出的中途机场地面停留不超过1h。

(2) 对于国际定期载客运行的飞机，在原签派放行单列出的中途机场地面停留不超过6h。

2. 补充运行的飞行放行权

(1) 实施补充运行应当使用飞行跟踪系统，每次飞行应当得到合格证持有人授权实施运行控制人员的批准，方可实施。

(2) 在开始飞行前，机长或者由合格证持有人授权实施运行控制的人员应当按照该次飞行所遵守的条件制定一个满足飞行的放行单。只有当由机长和授权实施运行控制的人员均认为可以安全飞行时，机长方可签署飞行放行单。

(3) 当实施补充运行的飞机在地面停留超过6h时，应当重新签署新的飞行放行单，否则不得继续飞行。

6.1.2　签派单和放行单

1. 国内、国际定期载客运行的签派单

签派单应当至少包括每次飞行的下列信息：飞机的国籍标志、登记标志、制造厂家和型号；承运人名称、航班号和计划起飞时间；起飞机场、中途停留机场、目的地机场和备降机场；运行类型说明，如仪表飞行规则、目视飞行规则；起飞最低燃油量。

签派单应当至少包括或者附有下列文件：在机长与飞行签派员签署放行单时可以获得的关于目的地机场、中途停留机场和备降机场的最新天气实况报告和预报，机长或者飞行签派员认为必需的或者希望具有的其他天气实况报告和预报；飞行计划；航行通告。

2. 补充运行的放行单

飞行放行单应当至少包括每次飞行的下列信息：公司或者机构的名称；飞机的国籍

标志、登记标志、制造厂家和型号；航班或者航次和飞行日期；每一飞行机组成员、客舱乘务员和机长姓名；起飞机场、目的地机场、备降机场和航路；运行类型说明，如仪表飞行规则、目视飞行规则；起飞最低燃油量。

飞机飞行放行单应当含有或者附带目的地机场和备降机场的最新天气实况报告、预报或者两者的组合，机长认为必需的或者希望具有的其他天气实况报告和预报。

6.1.3 签派放行责任

合格证持有人应当根据授权的飞行签派员所提供的信息，为两个规定地点之间的每次飞行编制签派单。机长和授权的飞行签派员应当在签派单上签字，条件是机长和授权的飞行签派员均认为该次飞行能安全进行时，他们才能签字。

飞行签派员在签派放行单上签字，表示该次飞行的起飞、目的地、备降机场和航路的天气条件符合公司规定的安全条件，有关该次飞行的其他各项条件均符合公司安全运行标准。

机长在飞行签派单上签字，表示机长胜任该次飞行任务，并确认该次飞行的各项条件均符合公司安全运行标准。

飞行签派员和机长共同在签派放行单上完成签字，签派放行即生效。对于二次放行等比较特殊的情况，只需机长和飞行签派员共同对放行内容认可，并保存真实可查的放行记录即可。飞行签派员可以委托他人签署签派放行单，但是不得委托他人行使其签派权。

6.2 签派放行规则

6.2.1 允许签派放行的规则

1. 目视飞行规则的签派或者放行

按照目视飞行规则签派或者放行飞机前，应当确认可获得的天气实况报告、预报或者两者的组合，表明从签派或者放行飞机飞行时刻起至飞机抵达签派单中所列各机场的时间内，整个航路的云底高度和能见度处于或者高于适用的目视飞行规则最低标准，否则，不得签派或者放行飞机按照目视飞行规则飞行。

2. 仪表飞行规则的签派或者放行

除跨水运行外，按照仪表飞行规则签派或者放行飞机飞行前，应当确认相应的天气实况报告、预报或者两者的组合，表明在签派或者放行单中所列的每个机场的天气条件，在飞机预计到达时处于或者高于经批准的最低标准，否则，不得签派或者放行飞机按照仪表飞行规则飞行。

3. 跨水运行的签派或者放行

签派或者放行飞机进行含有延伸跨水运行的飞行前，应当确认相应的天气实况报告、预报或者两者的组合，表明飞机预计到达所签派或者放行的目的地机场和必需的备降机场时，这些机场的天气条件等于或者高于经批准的最低标准，否则，不得签派或者放行飞机进行含有延伸跨水运行的飞行。

合格证持有人应当按照仪表飞行规则实施含有延伸跨水运行，但该合格证持有人证明按照仪表飞行规则飞行对于安全是不必要时除外。对于其他跨水运行，如果局方认为按照仪表飞行规则运行对安全是必要的，合格证持有人则应当按照仪表飞行规则实施这些跨水运行。每个按照目视飞行规则实施延伸跨水运行的批准和每个按照仪表飞行规则实施其他跨水运行的要求，均应当在该合格证持有人的运行规范中明确规定。

4. 仪表设备失效时的签派或者放行

(1) 在飞机所装的仪表或者设备失效时，只有符合下列条件方可实施签派或者放行：

①局方颁发给该合格证持有人的运行规范批准其按照最低设备清单运行；

②飞行机组能够在飞行之前直接查阅经批准的最低设备清单上的所有信息；

③能够向驾驶员提供注明不工作仪表与设备的记录，并告知此时飞机运行的限制；

④该飞机能够按照最低设备清单和运行规范中规定的所有适用条件与限制实施运行。

(2) 除非可以依据局方颁发的特殊飞行许可运行，下列仪表和设备不得包含在最低设备清单中：

①该飞机型号合格审定所依据的适航规章中明确规定或者所要求的，并且在所有运行条件下对安全运行都是必需的仪表和设备；

②适航指令要求应当处于工作状态的那些仪表和设备，但适航指令提供了其他方法的除外；

③CCAR-121 部要求的该种运行应当具有的仪表和设备。

6.2.2 禁止签派放行的情况

凡遇下列情况，禁止签派放行飞机：

(1) 机组未达到最低定员配置要求，或由于思想、技术、身体等问题，不适于该次飞行；

(2) 机组未进行飞行前的准备，未制定防劫持预案或者准备质量不合格；

(3) 飞行组未校对该次飞行所需的航行情报资料；

(4) 飞行组未携带飞行任务书、签派放行单、气象情报、飞行人员执照、航行资料及其他必需的各类飞行文件或机载资料不全；

(5) 飞机存在低于最低设备清单规定的故障；

(6) 飞机表面覆盖有冰、雪、霜；

(7) 航行备用燃油的数量低于规定数量；

(8) 装载超重或载重平衡不符合规定；

(9) 航线或机场的地面保障设施发生故障不能保证飞行安全；

(10) 在禁区、危险区、限制区和机场宵禁的有效时间内；

(11) 机场关闭期间。

6.2.3 签派放行的燃油政策

1. 燃油管理的责任

完整的飞行计划、飞行过程中对燃油消耗的有效监控和管理过程中燃油油量的合理使用，是有效进行燃油管理的基础。因此不可能如同制定飞行计划那样用一个简单的政策声明来取代飞行员和飞行签派员为保证飞行安全所做出的职业判断。

准确计算所需燃油的前提是完整掌握信息和标准，包括民航管理部门和公司的有关政策、要求和实施；对天气和空中交通条件的全面估计；起飞机场、目的地和备降机场的状况；飞机的机械状况。飞行员和飞行签派员应该利用在制定飞行计划时所取得的有关信息和资料来确定该次飞行中所需的燃油量。

机长对所携带油量有最终决定权。一旦完成了飞行前的计划制定，并加好燃油和完成起飞，在飞机飞往目的地机场的过程中，对机上燃油消耗的监控和剩余燃油对继续完成安全飞行的证实，则成为飞行员和飞行签派员共同的责任。

即使有了妥善的飞行计划和飞行途中的燃油管理，机组人员也可能遇到一些意外情况(如事先未预料到的空中交通情况、机场关闭、航路改变、超计划燃油消耗、风力与天气情况变化等)，使消耗的油量超过计划，通常这类情况发生时，飞行员和飞行签派员的责任就是要做出一个是否必须使用备用燃油的决定，如果发生情况确实需要使用备用燃油，飞行员和飞行签派员就应考虑当预计的飞机到达着陆机场时的剩余燃油(EFOA)。当备用燃油逐渐减少时，机长和飞行签派员就有责任来确定该飞行是否能继续安全实施，应当极力避免下降到决断油量，及时采取合适的程序来安全完成飞行。

2. 飞行前的燃油计划

根据 CCAR-121 部规定的最低燃油要求，航空公司应当进一步制定出可操作的具体规定，不同航空公司的燃油政策略有不同，下面列出制定飞行前的燃油计划的考虑因素。

1)滑行燃油

滑行燃油油量主要指飞机在停机位与跑道位置之间运动时所消耗的油量。滑行油量按以下要求计算：

(1)所有的发动机均工作；

(2)航班时刻表所规定的平均滑行时间，如果飞行签派员或机长认为起飞会经常延误，此时就应该增加滑行油量。

2)航程燃油

航程燃油油量是指用于起飞、爬升、巡航、下降、进近和在目的地机场着陆各阶段所消耗的油量。计算航程燃油油量时应考虑以下因素：起飞和着陆阶段的机动动作；飞机特定的燃油消耗；飞机的性能衰减。

3)不可预期燃油

不可预期燃油油量是指为补偿不可预见因素所需的燃油量。根据航程燃油方案使用的燃油消耗率计算，它占计划航程燃油 10%的所需燃油(在满足局方要求后可优化至 5%和 3%)，但在任何情况下不得低于以等待速度在目的地机场上空 450m(1500ft)高度上(在标准大气条件下)飞行 15min 所需的燃油量。

若预定着陆机场是一个孤立机场(无可用备降机场的特定目的地机场)，则需要能够以正常燃油消耗率在目的地机场上空飞行 2h 的油量。另外，当满足不选择目的地备降机场的运行要求时，放行飞机前往孤立机场(无可用备降机场的特定目的地机场)时，需满足以下条件：

(1)在飞机与签派室之间建立了独立可靠的语音通信系统进行全程监控；

(2)必须为每次飞行至少确定一个航路备降机场和与之对应的航线临界点；

(3)除非气象条件、交通和其他运行条件表明在预计使用时间内可以安全着陆，否则飞往无可用备降机场的特定目的地机场的飞行不得继续飞过航线临界点。

4)备降燃油

备降燃油是指飞机有所需的燃油以便能够完成：在目的地机场复飞；爬升到预定的巡航高度；沿预定航路飞行；下降到开始预期进近的一个点；在放行单列出的目的地的最远备降机场进近并着陆。

5)最后储备燃油

最后储备燃油是指使用到达目的地备降机场，或者不需要目的地备降机场时，到达目的地机场的预计着陆重量计算得出的燃油量；对于涡轮发动机飞机，是指以等待速度在机场上空 450m(1500ft)高度上在标准条件下飞行 30min 所需的油量。

6)酌情携带的燃油

酌情携带的燃油是指合格证持有人决定携带的附加燃油；在特殊时期为应对某些可能发生的情况而加载的燃油。正常情况下不增加附加燃油，但考虑到其他情况，如天气、流控等，允许机组和飞行签派员适当增加附加燃油，但必须在签派放行单上写明具体原因。

3. 不可预期燃油优化

不可预期燃油主要是为补偿不可预见因素导致的额外燃油消耗。不可预见因素包含可能对飞往目的地机场的燃油消耗产生影响的情况，如飞机偏离预定燃油消耗数据、偏离预报的气象条件、偏离计划航路或巡航高度层等，但不包括飞行计划阶段已预知且已考虑过的影响正常计划航路和高度剖面的因素，如最低设备清单(MEL)、构型偏离清单(CDL)、跑道关闭、台风、火山灰、空域限制等。

不可预期燃油最低标准是在制定运行飞行计划和签派放行阶段，为补偿随机出现的不可预见因素所需的燃油量占计划航程油量百分比的最小值，但在任何情况下不得低于以等待速度在目的地机场上空 450m(1500ft)高度上在标准条件下飞行 15min 所需的燃油量，对于空客 320 机型来说，不可预期燃油最低标准一般为 600kg。

如果要实施不可预期燃油最低标准 5%的要求，需要满足以下方面的条件。

1)飞机性能监控

航空承运人应建立飞机性能监控能力，针对每一特定机身和发动机组合对飞机性能的理论值与实际数据的差异进行持续监控、分析和比较。航空承运人应及时修正飞行管理计算机中的性能修正系数，以确保飞行管理计算机使用的性能修正系数与运行飞行计划的数据保持一致。

2)签派放行

航空承运人的运行飞行计划应基于准确的气象数据，在整条飞行计划航路上应当使用精确度等于或高于 1.25°(全球 1.25 纬度乘 1.25 经度网格)网格化模型的高空风信息。航空承运人应制定政策和程序，确保机长和飞行签派员在确定起飞油量时，能够满足不可预期燃油的最低标准。

3) 飞行中监控

航空承运人应建立运行监控系统和程序，用于监控飞机的位置、剖面、异常下降、返航备降等，以及实现飞机的实际燃油与飞行计划中的计划燃油比较的功能。系统在达到所设定告警条件时应立即告警，航空承运人应采取相应的措施。

6.3 签派放行程序

飞行签派员根据签派放行规则按照签派放行程序，对公司的每次飞行进行签派放行，并与机长共同对飞行计划和签派放行负责，保证每次飞行都符合中国民用航空规章和公司的运行规范。

正常运行时的签派放行程序包括资料准备、运行条件评估、飞行计划制作、性能限重分析、空中交通管制计划提交、放行决定、放行后资料提供。

6.3.1 资料准备

飞行签派员根据公司航班计划不晚于飞机预计起飞前 1h 30min 收集以下信息：

(1) 起飞机场、经停机场、目的地机场和备降机场的天气报告和预报以及航路天气预报等气象资料；

(2) 飞机适航情况；

(3) 航班运行准备情况；

(4) 有关客货装载情况，或者在没有获得确切的载量数据的情况下，使用最大业载或可能的最大载量进行所需油量及有关性能计算；

(5) 航路、机场设施和空中交通服务情况；

(6) 最新航行通告；

(7) 影响飞行的其他情况。

6.3.2 运行条件评估

1. 机场和航线

飞行签派员应当检查此次航班计划涉及的起飞机场、目的地机场和航线是否存在特殊限制。对于公司规定的特殊机场和航线，需要分析其起飞一发失效应急程序、航路飘降程序、释压供氧程序等资料，掌握有关运行限制和处置的程序。

2. 气象条件

飞行签派员在放行飞机前，必须及时收集并完全熟悉所飞航路、机场的天气实况报告和预报以及其他有关的气象资料，否则不得放行该次飞行。

按照签派放行飞机飞行前，应当确认相应的天气实况报告、预报或者两者的组合，表明在签派放行单中所列的每个机场的天气条件，在飞机预计到达时处于或者高于公司运行规范规定的最低运行标准，否则不得签派或者放行飞机。

3. 运行标准

飞行签派员应该根据情报资料提供的信息，考虑相关事件对该次飞行的航线、飞行高度及运行标准带来的影响，确保该次运行所选择的航路和列入签派放行单的起飞机场、目的地机场、经停机场和备降机场都符合公司运行规范和运行手册的要求。

公司的所有飞机应在运行规范中批准的航路运行区域内飞行，并遵守相应的限制和规定。对于定期载客运行，在每次飞行前，只有通过航行情报服务，确认在航路批准时所要求的通信导航设施处于良好工作状态，能够满足CCAR-121部的运行条件，方可签派或者放行飞机在该航路或者航段上飞行。除出现紧急情况外，航空公司只能使用在运行规范中批准的机场，供正常使用、临时使用、备降和加油用。在每次飞行前，只有通过航行情报服务，确认这些机场的保障设施符合要求，方可签派或者放行飞机。

4. 运行限制

飞行签派员应核查该次飞行的飞机、机组以及沿线空中交通管理情况，是否存在相应的运行限制。

1) 飞机

机务维修部根据适航规定对飞机做出是否适航放行的决定。飞行签派员则根据机务维修部提供的有关飞机状况信息，对照MEL和CDL，并根据航路天气等各种运行信息对该飞机做出是否适合执行本次航班、是否存在运行限制的综合分析评估。飞行签派员得知飞机使用MEL或CDL条款放行时应考虑以下因素。

(1) 确认不工作设备是否影响飞机性能和重量限制。

(2) 在MEL中查找不工作设备对飞行运行的限制和要求。根据查出的限制和要求确认放行条件。当遇到下列特殊飞行时，必须逐项核对。

①复杂天气条件飞行，包括：雷雨活动区；低空风切变；结冰区；低云低能见度着陆；Ⅱ、Ⅲ类精密进近运行。

②复杂地理条件飞行，包括：跨水/延伸跨水；高原、山区；沙漠、无人烟地区。

③特殊类型的运行，包括：ETOPS、RNP等运行。

2) 机组

飞行签派员只有在确认机组符合民航局和公司关于执行飞行任务的各项规定和要求，并且机长有能力完成该次飞行的情况下，才可以签派放行飞机。飞行签派员根据机组排班部门的报告，确认飞行机组符合执行飞行任务的各项规定和要求，如机组的准备情况、飞行资料和证件、机组的值勤时间和机组的合格要求等，重点关注机组当日执勤和飞行时间能否对可能发生的运行延误有足够的剩余。

3) 空中交通管理

飞行签派员应当及时收集整理空管部门的流量控制信息，并及时将航班不正常情况发布给机组和地面保障部门。目标是通过协调各部门工作，合理调配航班运行计划，实施经济飞行，改善旅客服务工作，降低延误成本。

6.3.3 飞行计划制作

依据对前述各项条件的分析，飞行签派员判断本次航班的机组、飞机、航路、起飞和目的地机场的条件能够满足安全运行要求时，就可以选择合适的备降机场，并制定飞行计划。

目的地备降机场应当符合下列三个条件：运行规范中该机型授权可使用的备降机场；该机场天气实况和预报必须高于该机场的备降最低天气标准；该机场必须在飞机备降预计抵达时刻能够接受备降，没有航行通告或宵禁等对备降产生影响。

在满足上述三个条件后，飞行计划中目的地备降机场的选择策略为以下几个方面。

(1)不考虑距离目的地机场15min飞行距离内的机场，一方面是一般要求备降用油不得低于正常巡航15min的油量，另一方面考虑到目的地机场和其备降机场如果靠得过近，属于同一天气系统，容易天气一起变差，不宜选择作为备降机场。

(2)在距离目的地机场15min飞行距离外的可选备降机场中，一般选择第二近的机场作为备降机场。主要考虑到航班的安全性，因为国内目前大多数机场只有1条跑道，而原先选择的是最近的可选机场作为备降机场，在目的地机场天气变差低于着陆标准后，若其唯一的跑道再发生关闭等情况，飞机上的剩余油量就有可能不能支持飞机飞到更远的备降机场，因此选择第二近的可选机场作为飞行计划计算油量的备降机场。

(3)当目的地机场和15min飞行距离外最近的可选备降机场的天气在预计到达其前后1h内都十分稳定可靠，而第二近的备降机场又相当远时，则可选择最近的可选备降机场作为该计划的备降机场。在目的地机场和其15min飞行距离外最近的可选备降机场天气都十分稳定可靠的情况下，两个机场的跑道都同时出现问题的概率十分低，在这种情况下就可以从经济的角度考虑选择15min飞行距离外最近的可选备降机场作为航班的目的地备降机场。

选定备降机场后，飞行签派员可以制定飞行计划，重点是对该次飞行的起飞油量做出正确计算，此时需要考虑的因素有：机型的燃油流量、该架飞机的性能衰减、飞行管制一号规定要求的主航段及备降航段巡航高度、当日实际运行中区域管制员可能给定的巡航高度；高空风；预计的旅客货物重量；公司燃油政策等。

虽然目前的飞行计划基本由计算机完成，但是有的机场缺乏准备的航班配载数据，因此无法获得精确的计算机飞行计划。因此航空公司编制了固定油量表，油量数据基于最大起飞重量和不利的空中风等条件，具有很大的安全余度，飞行签派员依据航线、机型、季节和备降机场等条件可以直接从表中查出起飞油量，而不需要实时的精确数据，具有简单快捷的优点，但是也存在燃油量计算保守、经济性差的缺点。随着信息技术的发展和航空公司成本控制要求的提高，使用固定油量情况越来越少。

6.3.4 性能限重分析

飞行签派员则根据天气情况、起飞跑道、落地跑道、飞机适航(MEL和CDL)等确定最大允许起飞全重，如果有限载必须告知载重平衡人员和值机人员，确认该次航班的计划起飞全重小于最大允许起飞全重以及装载重心在允许的范围之内。对于某些特殊机场，还需要依据跑道长度、道面强度、气象条件等实施着陆性能分析。

6.3.5 空中交通管制计划提交

当确定计划备降机场后，飞行签派员应当于航空器预计撤轮挡时间前 150min 向民航空管飞行计划处理中心提交空中交通管制计划。遇有特殊情况，经与飞行计划处理中心协商，最迟不晚于航空器预计撤轮挡时间前 75min 提交空中交通管制计划。执行国内飞行任务不得早于预计撤轮挡时间前 24h 提交空中交通管制计划，执行其他任务不得早于预计撤轮挡时间前 120h 提交空中交通管制计划。

6.3.6 放行决定

在完成编制签派放行单后，到航班起飞前，飞行签派员应当继续关注航班运行保障的条件是否有所改变，内容包括以下几个方面。

(1) 检查了解航班动态是否有变化，如果发生长时间延误、取消或更换飞机等情况，须及时发送取消放行报取消该次放行，并根据实际情况决定是否重新签派放行，并发送相关业务电报。

(2) 航班预计起飞前，再次检查航班的起飞机场、航路、目的地机场、备降机场的天气情况和航行通告。另外，应注意以下方面。

①如果航行通告显示起飞机场或目的地机场不可用，要及时上报值班经理，应发送取消放行报及相关业务电报，取消本次放行，并通知运行协调席位和当地航务代理部门。

②如果航行通告显示航路部分航段受影响不可用，应及时上报值班经理，由值班经理联系民航局和空管部门商议更换航路事宜，并重新签派放行。如果无法更换航路，应取消本次放行，发送取消放行报及相关业务电报，并通知运行协调席位和当地航务代理部门。

③如果起飞机场的天气呈下降状况，已低于着陆标准，但仍高于起飞标准，此时应立即选择合适的起飞备降机场，通过地空通信手段，通知机组，并发送更改放行报、通知当地航务代理部门。

④如果目的地机场的天气呈下降状况，低于机长着陆最低天气标准，应取消放行，发送取消放行报及其他相关业务电报，上报值班经理，并通知运行协调席位和当地航务代理部门。

⑤如果航路气象显示，航路或起飞机场上空出现无法绕飞的危险天气，应取消原放行，发送取消放行报及相关业务电报，并通知运行协调席位和当地航务代理部门。如果存在危险天气，但可以绕飞通过，应报告值班经理确定绕飞航路后重新签派放行。

⑥如果备降机场的天气呈下降状况，已低于机长备降最低天气标准，或最新的航行通告显示该机场不适合备降，应重新选择合适的备降机场，重新制定飞行计划并放行，并通过地空通信手段，通知机组。

(3) 确认机组及时了解到最新的放行情况。任何取消、更改或重新签派放行，都应使用各种通信手段及时联系并通知到机组。(备降航班放行时，须将新的放行电报发送到当地航务服务部门)。

(4)若航班的实际载量超出预计重量一定程度，则必须重新制定飞行计划，并将新的飞行计划重新送到机组手中。

(5)若航班的实际载量、起飞机场的实况报告中温度、气压、跑道道面情况、风向风速等信息发生重大变化，应检查该航班最大起飞重量是否发生变化，如果最大起飞重量变小，应立即通知该航班机组和相关配载平衡部门。

(6)航班起飞前，飞行签派员应再次检查是否有新的 MEL 信息产生。若发生新的 MEL 保留信息，则飞行签派员应根据情况重新制定飞行计划。

当完成对上述数据的适时更新后，在航班起飞前，飞行签派员应当向机组提交签派放行单、飞行计划、气象资料和航行通告。飞行签派员应当在开始飞行之前向机组简单介绍可能影响该次飞行安全的机场条件和导航设施不正常等方面的所有现行可得的报告或者信息，并且应当向机长提供可能影响该次飞行安全的每一所飞航路和机场的所有可得的天气实况报告和天气预报，包括晴空颠簸、雷暴、低空风切变等危险天气现象。

飞行签派员和机长确认所有飞行条件符合公司运行规范和安全运行标准后，飞行签派员和机长共同在签派放行单上签字(手工或电子形式)。

飞行签派员最终向机组提供的飞行文件包括签派放行单、飞行计划、航行通告、气象资料、飞行任务书和装载舱单。

6.3.7 放行后资料提供

在飞行期间，飞行签派员应当及时向机长提供可能影响该次飞行安全的天气条件，包括晴空颠簸、雷暴、低空风切变等危险天气现象，以及有关设施、服务不正常的任何可以获得的补充信息。飞行组应通过甚高频、高频、ACARS、卫星电话或其他联络方式保持与飞行签派员的联络，以保证飞机在出现可能的延误时能够获得及时的信息传递。

思 考 题

1. 什么是签派放行权？什么是签派放行责任？
2. 什么是签派单？什么是放行单？内容有何不同？
3. 仪表飞行规则签派或者放行的规则是什么？
4. 什么情况下禁止签派放行？
5. 不可预期燃油的要求是什么？
6. 飞行签派员在实施签派放行前应当收集哪些信息？
7. 国内、国际定期载客运行中飞行签派员向机长通告的内容是什么？
8. 简述飞行签派工作程序。

第7章 动态监控

运行控制是航空公司的运行中枢，在保障公司运行安全正常方面发挥了重要作用。运行控制的核心是风险控制，不仅包括在航班运行前对航路、机场、天气、机组的风险分析，更重要的是要发挥在航班运行过程中的监控和对机组的支持作用。

7.1 运行监控

《航空器的运行》(ICAO 标准附件 6)中要求飞行签派员要以适当的方法向飞行中的机长提供安全飞行所需资料，并且在出现紧急情况时机长也应将相关信息通知飞行签派员。美国 FAA Order8900.1 要求飞行签派员必须监控在其控制下的每一次飞行的进展，直到飞机着陆。EASA 在《修订关于飞行记录器、水下定位装置和飞机追踪系统的第965/2012 号条例》中要求航空公司在 2018 年 12 月之前建立和维持一个飞机追踪系统，对最大起飞重量超过 27t 或旅客座位数超过 19 座的飞机从起飞到着陆的飞行情况进行跟踪监控。此外，加拿大交通部在《加拿大航空条例》(CAR7-725) 中要求飞行签派员对影响飞行运行的要素进行监控，允许飞行放行和运行监控职能分离，还对机组主动报告方式和时机做出了规定，目的是通过监控及时发现空中航班的不正常情况，并加强地空联系，为机组提供更好的地面支持。

运行监控，是指合格证持有人使用用于飞行运行监控的系统和程序，实时自动获取航班运行情况、飞机状态等信息，对发现影响安全的不正常情况进行报告和处置的过程。

告警，是指通过识别航班运行过程中出现的运行风险和不正常情况，将识别到的结果以必定能够被发现的方式主动通知相关运行人员。

运行监控人员是指经合格证持有人授权的，使用运行监控系统和程序，对航班运行情况进行监控和处置的飞行签派员、机务维修人员、飞行技术人员。航空承运人应当在运行中心配备足够数量的、合格的运行监控人员，从事运行监控工作。飞行机组需对运行中机上发生的所有情况进行监控，并与 AOC 紧密配合。AOC 值班经理负责实时关注运行监控人员整体工作的开展情况，对正常运行和不正常运行进行监控与指挥。航空承运人应当明确航空气象、飞行情报、飞机性能的监控职责和流程，对航班运行监控工作提供支持。

1. 飞行签派员的职责

飞行签派员应当监控整个运行过程，掌握航班当前运行情况和影响运行的相关信息；飞行签派员在向机组提供此类信息时，需要同时将针对该信息的处置意见提供给机组参考，以提高空地联合决策的效率。如果航空承运人单独设置监控岗位，必须确保负责运行监控的飞行签派员具备所监控航班的放行资质，并且已经完成了满足其监控所需的运行区域、业务种类的全部培训并检查合格。

1)起飞前监控职责

在签派放行完成至飞机实际起飞之前，飞行签派员应当监控可能影响该次飞行安全的机场条件和导航设施不正常等方面的所有现行可得的报告或者信息，包括但不限于以下几个方面：

(1)起降机场、备降机场等所有涉及相关机场的天气、通告的变化；

(2)航路、情报区的航行通告、天气等变化；

(3)飞机 MEL/CDL；

(4)业载变化；

(5)航班的 FPL、CHG、CNL 报文的发送情况以及空管、代理等的反馈信息；

(6)在风控系统中监控航班的风险值变化；

(7)监控机组的 EFB 电子放行资料下载、更新和签字情况；

(8)对于 PBN 运行，监控 RAIM 可用性的预测。

2)飞行中监控职责

在飞行期间，飞行签派员应当及时发现可能影响该次飞行安全的天气条件，有关设施、服务不正常，以及其他任何可以获得的补充信息，包括但不限于以下几个方面：

(1)目的地机场、备降机场等所有涉及相关机场的天气情况；

(2)目的地机场、备降机场服务和导航台不工作的情况；

(3)航路、飞行情报区临时飞行限制和恶劣天气情况；

(4)航班的燃油偏差情况；

(5)航班超过预计落地时间 15min 未落地；

(6)航班偏离计划航路和(或)计划高度；

(7)不正常的机动飞行，如计划外的盘旋等待、返航、备降、紧急下降、复飞等；

(8)至少每 15min 能够获取一次飞机的经度、纬度、高度、时刻(简称 4D)信息；

(9)飞机应答机设置为特殊编码(7500/7600/7700)；

(10)机组发起的陆空数据联系或语音联系；

(11)航班的风险值变化；

(12)对于实施二次放行的航班，还需在其抵达二次放行点前评估初始放行的目的地机场、最终目的地机场以及任何可能对飞行安全产生不利影响的已知条件；

(13)对于实施 ETOPS 运行的航班，还需在其抵达等时点前评估航路备降机场以及任何可能对飞行安全产生不利影响的已知条件。

(14)对于极地运行的航班，监控其改航机场的天气状况、导航设备和服务状况。

2. 维修监控人员的职责

维修监控人员应当持有民用航空器维修人员执照。其主要监控飞机飞行过程中的机载设备运行状况，当发现影响安全的飞机故障或设备不正常情况时，应尽快通知飞行签派员，必要时和飞行机组直接建立联系。承运人维修系统的生产控制人员(MCC)应对 AOC 维修监控人员提供足够的支持和援助。

3. 飞行技术人员的职责

飞行技术人员与飞行签派员、维修监控人员共同就飞机飞行过程中出现的各类不正常运行事件进行协商、决策，尤其是针对运行监控中出现的告警信息处置。航空公司应当对参与运行监控的飞行技术人员资质做出规定，至少应持有航线运输驾驶员执照。

7.2 航空器追踪

随着我国民航业的高速发展，航空公司运行环境日趋复杂，无论是行业还是公众都对运行安全和服务有了更高的要求和期望，传统的人工监控已无法适应这一现实需求。在互联网+时代，大数据已成为推动行业创新的重要力量，因此民航局要求航空公司应以风险防控能力建设为核心、大数据应用为基础、信息技术为手段，构建自动化的运行监控系统，集成所有必需的运行信息资源，连通信息孤岛，实现风险的及时有效识别、预警、缓解和消除。

7.2.1 运行监控系统

运行监控系统是运行监控不可分割的一部分，航空承运人应使用与其运行区域和运行复杂性相适应的系统和程序，通过飞机通信寻址与报告系统(ACARS)、广播式自动相关监视(ADS-B)、第四代海事卫星航空宽带安全业务(SBB)、北斗卫星无线电测定业务(RDSS)、二次监视雷达(SSR)、民航运行数据共享与服务平台(FDSS)以及能够满足航空公司监控需求的其他技术手段，自动获取航班运行情况和飞机状态信息，对其在运行区域内的航班运行进行实时监控。系统监控要素应当包括以下部分。

(1)位置监控：飞机当前位置的经纬度坐标。

(2)航迹监控：通过对飞机历史位置的持续显示，获取飞机的飞行轨迹。

(3)高度监控：飞机实时高度值。

(4)油量监控：机上剩余燃油量。

(5)气象监控：根据飞机当前飞行阶段，获取运行机场及航路气象条件，包括云高、能见度、风、降水、颠簸、积冰等影响运行的天气现象。

(6)飞行动态：获取飞机运行信息，识别其推出、滑行、起飞、落地、滑入等各个关键节点。

(7)异常机动：识别飞机偏航、低高度、备降、返航、复飞、紧急下降、中断起飞等偏离飞行计划的情况。

(8)应答机编码：获取飞机设置的特殊应答机编码(7500/7600/7700)。

(9)故障监控：影响飞行安全的系统或重要部件在飞行过程中发生故障时飞机产生的告警信息，包括但不限于发动机系统、液压系统、飞控系统、起落架系统、引气系统、空调系统。

(10)信息延迟：确保实现监控系统各项功能所需信息的接收频次满足要求。

7.2.2 飞行机组报告

在运行监控工作中，当监控人员无法通过运行监控系统获知全部的飞行情况时，飞行机组的主动报告是运行监控的一个重要信息来源。航空承运人应当设立第一联络人原则(First Contact Principle)，规定飞行签派员作为管制以外的第一联络人，飞行机组在执行任务过程中遇到涉及飞行安全的不正常信息或需要地面协助时，都应及时通报飞行签派员。当遇到下列情况时，机组应尽快与飞行签派员取得联系。

(1)因各种问题发生航路偏航、燃油消耗增加、飞行时间延长、飞行高度偏差等偏离飞行计划，并可能影响航班正常运行时，机组尽快通报飞行签派员，以便飞行签派员跟踪监控航班运行状况。

(2)飞行机组在飞行中遇到预期之外的危险天气应当通报飞行签派员。飞行机组要尽可能获取有关危险天气的最新信息，包括询问空管单位和联系飞行签派员等。

(3)在飞行期间，机组应当将飞行中的各种不正常情况(如复飞、返航和备降；发生雷击、雹击、鸟击、发动机停车、火警、座舱释压等)及时通过 ACARS、VHF、卫星电话等通信手段通知飞行签派员，以获取必要的地面支援。

7.3 信息获取与传递

运行信息是航班运行监控的重要基础和依据。为确保飞机运行过程中运行信息被及时接收，飞机与地面监控系统之间的信息交互需要满足以下要求。

(1)对于飞机 4D 位置(经度、纬度、高度、时刻)、油量信息，监控频次间隔不超过 15min。

(2)对于飞行中的重要故障信息，机载设备应当自动触发，并将信息传递给维修监控人员；对于受机载设备限制无法实施自动监控的，承运人应制定流程，由飞行机组主动报告的方式完成监控工作。

(3)对于监控信息，除了飞机自动下发，运行监控系统应当具备主动获取飞机 4D 信息和油量的功能，以便于飞行签派员、维修监控人员根据运行需要，主动对运行状态进行监控和确认。

(4)对于监控信息未及时获取的情况，航空承运人应当制定备份预案，确保运行监控工作持续开展。

运行监控系统从数据源中发现监控要素的情况符合告警逻辑时，系统应当给予告警。运行监控要素和告警逻辑如表 7.1 所示。

表 7.1　运行监控要素和告警逻辑

项目	数据源	监控要素	告警逻辑
机场气象告警	气象报文 METAR/SPECI/TAF	能见度	气象报文中能见度≤机场 NAIP 公布的能见度标准 ①各跑道标准不同时，可以根据所使用跑道来确定标准；无法确定使用跑道时，应取各跑道最高标准值 ②气象报文中 VIS/RVR 分别对应公布标准的 VIS/RVR 进行比较 ③气象报文中同时发布 VIS 和 RVR 时以 RVR 为准进行告警判断
		云底高	气象报文中云底高≤机场 NAIP 公布的 DH/MDH ①气象报文中，云底量为 BKN 或 OVC 时必须被考虑，FEW 和 SCT 由航空公司自行决定 ②各跑道标准不同时，可以根据使用跑道来确定标准，无法确定使用跑道时，应取各跑道最高标准值
		风速	气象报文中风速≥机型限制最大风速 ①对于多机型航空公司，可以分别按机型进行监控告警或取所有机型风速限制的最低值 ②航空公司可以直接使用报文中的风速进行判断，也可将气象风转化为对应跑道的正风、侧风分量以降低限制
		天气现象	气象报文中出现以下任一天气现象代码： 尘暴(DS)、沙暴(SS)、雷(TS)、雹(GR)、火山灰(VA)、飑(SQ)、强降雨(+RA)、强阵雨(+SHRA)、风切变(WS)、旋风(FC)、冻的(FZ) ①当上述代码与其他代码组合出现时，也应当被识别并告警 ②对于机场范围内(VC)出现的天气现象，航空公司可以自行决定是否对其进行告警
		地面结冰条件	(1)气象报文中温度<5℃，并且存在可见潮气(有 BR 且 VIS<1500m、FG、RA、DZ、SN、SG、GS、GR、PL、IC) (2)气象报文中温度<10℃，并且温度≤露点 ①满足以上一条则认为机场具备地面积冰条件 ②跑道出现积水、雪水、冰或雪的情况，目前无法做到系统自动监控，航空公司可以考虑通过制定程序等进行监控
4D 位置追踪信息缺失告警	ACARS/FDSS/ADS-B/SSR/ADS-C/SBB	经度、纬度、高度、时刻	系统超过设置的时间间隔没有收到 4D 位置信息 ①监视范围：全程 ②航空公司设置的时间间隔必须≤15min ③建议航空公司将飞机实时油量与 4D 信息整合在 ACARS 报文中进行传递

续表

项目	数据源	监控要素	告警逻辑
应答机二次代码告警	FDSS/ADS-B/SSR	应答机二次代码	出现 7500/7600/7700 应答机二次代码 监视范围：全程
复飞与终止进近告警	ACARS/FDSS/ADS-B/SSR/ADS-C/SBB	高度、计划航路	飞机过 TOD 点后，在设定的一段时间内高度连续下降后出现上升 监视范围：进近
盘旋等待告警	ACARS/FDSS/ADS-B/SSR/ADS-C/SBB	经度、纬度、高度、航向	(1)飞机在 1500ft 以上(含)，30min 内航迹形成两圈闭合 (2)飞机在 1500ft 以上(含)，30min 内航向沿同一方向变化并出现 2 次相同航向 ①监视范围：全程 ②满足以上一条则认为飞机正在盘旋等待
水平位置偏差告警	ACARS/FDSS/ADS-B/SSR/ADS-C/SBB/飞行计划	经度、纬度、计划航路	当前航迹位置与计划航路的最近距离≥100 km 监视范围：巡航
高度偏差告警	ACARS/FDSS/ADS-B/SSR/ADS-C/SBB/ QAR	高度，飞行计划中的航班历史最低巡航高度	人工过滤异常高度情况下，实际飞行高度低于上一年度记录的航线历史最低高度且大于 1200m 监视范围：巡航
高度突变告警	ACARS/FDSS/ADS-B/SSR/ADS-C/SBB	高度	(1)飞机上升过程中出现下降 (2)飞机下降过程中出现上升 (3)飞机下降率＞警戒值 ①监视范围：全程 ②满足以上一条则认为应进行高度突变告警 ③第 3 条的设定值建议使用 5000ft/min
油量偏差告警	ACARS/FDSS/ADS-B/SSR/ADS-C/SBB/飞行计划	经度、纬度、计划航路、当前油量、ACARS 告警报、最大着陆油量、计划燃油、酌情携带的燃油	(1)飞机所在位置当前油量与对应计划航路点的计划油量偏差＞设定值 (2)当前油量计算的落地重量超过飞行计划的最大着陆重量 (3)当前油量＜计划燃油–酌情携带的燃油–不可预期燃油 ①满足以上一条则认为应进行油量偏差告警 ②监视范围：巡航、进近

续表

项目	数据源	监控要素	告警逻辑
低油量告警	ACARS/FDSS/ADS-B/SSR/ADS-C/SBB/飞行计划	当前油量、备降油量、最后储备燃油	当前油量–最远备降场油量–最后储备燃油＜机型低油量警戒值 ①警戒值参考《大型飞机公共航空运输承运人运行合格审定规则》CCAR-121-R5 第 121.555、657、659、663 条 ②警戒值可以是针对机型的固定值，也可以是每次飞行的计算值 ③航空公司必须在手册或流程中明确，以确保运行人员知晓每次飞行的低油量警戒值
备降告警	ACARS/FDSS	备降报、经度、纬度	收到空管发布的航班备降 AFTN 报文或收到飞机下发的 ACARS 备降报文信息 ①航空公司也可以额外增加其他逻辑对备降进行判断 ②监视范围：全程
返航告警	ACARS/FDSS	返航报、经度、纬度	收到空管发布的航班返航 AFTN 报文或收到飞机下发的 ACARS 返航报文信息 ①航空公司也可额外增加其他逻辑对返航进行判断 ②监视范围：全程
重要位置报告点告警	ACARS/FDSS/ADS-B/SSR/ADS-C/SBB/重要位置报告点/飞行计划	经度、纬度、高度、时刻、重要位置报告点、计划航路	飞机实际经过某些重要位置报告点(如 ETOPS、二次放行点)的过点时间与飞行计划估算的时间偏差超过警戒值 ①监视范围：全程 ②航空公司可根据航线特点和报告点性质设置警戒值，其逻辑可以是抵达该点前进行告警以提醒监控人员注意，也可以是在未按时抵达该点时进行告警
超时未落告警	ACARS/FDSS/ADS-B/SSR/ADS-C/SBB/飞行计划	经度、纬度、高度、时刻	飞机超过预计落地时间 15min 未落地 监视范围：进近
起始进近阶段告警	ACARS/FDSS/ADS-B/SSR/ADS-C/SBB/飞行计划	经度、纬度	(1)飞机脱离飞行计划中 TOD 点或最后一个航路点 (2)飞机开始执行进场程序 (3)飞机预计落地时间前 20min (4)飞机到机场基准点的距离≤50km ①监控阶段：进近 ②满足以上任意一条即可认为起始进近阶段，航空公司可以根据自己的监控系统特点、航线特点制定判断逻辑 ③如使用第 4 条飞机到机场基准点的距离作为判断条件，必须考虑飞机位置报更新间隔，避免因位置报间隔过长导致告警滞后

7.4 不正常情况处置

7.4.1 重新或更改签派放行

当初始签派放行条件发生变化，飞机无法依照原签派放行条件运行时，飞行签派员应通告机长，并进行重新或更改签派放行。通告机组时，应尽量避免在飞行关键阶段。

1. 重新签派放行

飞机需要重新签派放行时，飞行签派员应主动向机长提供已由其签字的签派放行单、放行电报、用语音或通过 ACARS 发送的电子电报的通信方式重新签派飞机，并按需提供最新的天气资料和航行通告。若机长未能收到飞行签派员的签派放行单、放行电报或其他通信方式的放行，应主动与公司飞行签派部门联系，获得最新的放行资料。当飞行运行发生以下情况时，若继续运行，则飞行签派员应重新进行签派放行。

(1) 飞机因故返航后再起飞时，飞行签派员应重新签派放行飞机；

(2) 在航路上更改初始签派放行目的地机场，着陆后，应对该飞机重新签派放行；

(3) 在第一次签派放行的航路经停站地面停留时间超过下列标准，飞行签派员应对飞机重新签派放行：1h(国内运行)；6h(国际运行)。

2. 更改签派放行

当飞行运行发生以下情况时，应对原签派放行进行更改：

(1) 更换飞机；

(2) 更换机长；

(3) 飞机出现未列入签派记录的 MEL/CDL 项目；

(4) 机载燃油发生超过一定范围的变化，这种变化由各公司自行确定，一般为窄体机误差为 200kg，宽体机误差为 500kg；

(5) 出现航班不能签派运行的任何情况；

(6) 必须更改初始放行的目的地。

飞机在航路上飞行时，不得擅自更改初始签派放行单上指定的初始目的地机场或备降机场。若确有必要改为另外的机场，则该机场必须是经批准适用于该型飞机，并在更改签派放行时，应当符合签派放行的各项要求。

在航路上更改签派放行单时，应由飞行签派员和机长共同决定，并必须记录更改内容。该记录可以使用任何能保证记录真实性的记录方式，如通过 ACARS 发送的电子确认电报或语音记录等方式。但由于条件所限或情况紧急，允许机长独立更改签派放行单并在着陆后通报飞行签派部门。

7.4.2 机长和飞行签派员的应急权力

当机长或飞行签派员行使应急权力时，应当将飞行的进展情况及时准确地报告给相应的空中交通管制部门和公司维修控制中心。宣布应急状态的人员应当在提请公司负责运行的副总经理签发后，向民航当局书面报告任何偏离。飞行签派员应当在应急状态发生后 10 天内提交报告，机长应当在返回驻地后 10 天内提交报告。

1. 机长的应急权力

在需要立即决断和处置的紧急情况下，机长可以采取他认为在此种情况下为保证飞行安全应当采取的任何行动。在此种情况下，机长可以在保证安全所需要的范围内偏离规定的运行程序与方法、天气最低标准和其他规定。

飞行运行中，对于任何破坏航空器、扰乱民用航空器内秩序、危害民用航空器所载人员或者财产安全以及其他危及飞行安全的行为，在保证安全的前提下，机长有权采取必要的适当措施。

飞行中遇到特殊情况时，为保证民用航空器及其所载人员的安全，机长有权对民用航空器做出处置。这种处置是指在事先没有计划安排的情况下，对飞行中的民用航空器做出如中断起飞、复飞、上升或下降高度、改变航向、机场外迫降等举措。这是机长根据对特殊情况的判断，可以不听从于任何人的意见而独立做出，是法律赋予机长的权力。

民用航空器遇险时，机长有权采取一切必要措施，并指挥机组人员和航空器上其他人员采取抢救措施。在必须撤离遇险民用航空器的紧急情况下，机长必须采取措施，首先组织旅客安全离开民用航空器；未经机长允许，机组人员不得擅自离开民用航空器；机长应当最后离开民用航空器。

2. 飞行签派员的应急权力

飞行签派员在运行期间发现需要其立即决断和处置的紧急情况时，应当将紧急情况通知机长，确实弄清机长的决断，并且应当将该决断进行记录。如果在上述情况下，该飞行签派员不能与飞行人员取得联系，则应当宣布进入应急状态，并采取他认为在此种情况下为保证飞行安全应当采取的任何行动。

7.4.3 不正常情况的基本处置程序

在 AOC 中的各个岗位构成了 AOC 运行团队。当监控到天气、飞机故障、机场保障等影响航班运行的相关情况时，每个岗位根据 AOC 分配的工作职责，按照规定的流程，就本专业在实现预期目标中的责任提出处置建议。AOC 各岗位应当密切合作、充分会商，为飞行签派员做出决策意见提供支持，并将该意见告知机组，与机长协同决策。同时 AOC 应向地面保障单位进行工作布置，以达到控制运行风险、快速解决运行问题的目的。

运行监控程序和不正常情况处置程序应由飞行部、飞行签派部、机务维修部联合制定，并写入公司手册。不正常情况处置程序至少应当包括偏航、高度异常、异常机动(备降、返航、复飞、紧急下降等)、低油量、应答机紧急编码等。航空承运人在制定不正常情况处置程序时，还应当考虑对应情况的发展阶段和风险程度，制定分级处理措施。不正常情况处置的基本程序和一般原则如下：

(1) 监控过程中 AOC 各专业岗位收到监控系统提示、告警信息或通过其他渠道获知航班运行不正常时，应将信息和建议汇总至飞行签派员；

(2) 飞行签派员应核实信息的准确性并分析当前的飞行状况。飞行签派员应通过询问管制或与飞行机组直接联系等方式确认运行情况。若判断飞行发生不正常情况，则按规章、手册规定进行相应处置；

(3)AOC相关岗位对运行异常信息进行会商并形成决策意见；

(4)飞行签派员将决策意见传达给飞行机组，同时提供与决策相关的支持信息，如天气、航行通告等，确认机组意图；

(5)飞行签派员将信息传达情况和机组意图按需通报给相关单位；

(6)AOC各岗位值班人员做好协调保障工作，及时更改相关系统中的航班显示信息；

(7)运行监控人员应当持续监控航班直至航班落地，并做好事件记录；

(8)AOC应按照民航规章和公司手册要求，整理事件处置情况报告。

在实施运行监控时，因执勤时间限制、公司岗位划分、临时工作调整等对飞行签派员、维修监控人员、飞行技术人员进行人员调整时，对应岗位必须将监控情况进行妥善交接，避免因为交接不全面而产生监控盲点或影响工作的延续性。交班人员应当对需要交接的内容进行整理，交接班过程应当有最小时间限制，通常不少于20min，以确保交接双方工作时间有重叠，避免出现盲点，航空公司应当为交接班过程制定流程和检查单。

7.4.4 油量监控和特情处置

在每次飞行中，飞行签派员负责航班运行中的实时燃油监控。通过飞行通信寻址和报告系统(ACARS)获取机载燃油数据，对飞机的燃油消耗情况、机载燃油(FOB)以及预计的飞机到达着陆机场时的剩余燃油(EFOA)实时监控并及时做出相应的决策，了解机组监控机载燃油的程序。

1. 预计的飞机到达着陆机场时的剩余燃油

预计的飞机到达着陆机场时的剩余燃油量(EFOA)等于机上燃油量的总和减去飞机现在位置飞往预定着陆机场时所计划的燃油消耗量。在飞行过程中，飞行员和飞行签派员应对EFOA实施监控，并给予经常性的关注。当遇到一些意外情况，航班的实际情况与原先的计划不一致时，飞行员和飞行签派员就应对EFOA重新进行计算，并确认飞机预计飞抵目的地机场时，EFOA至少不应小于决断油量。

2. 决断油量

决断油量是为便于飞行员和飞行签派员在飞机飞往目的地的飞行中及时决定是否改航、备降的关键油量，即为了飞行员和飞行签派员更好地决断究竟是继续飞往目的地机场，还是直接飞往备降机场或是其他机场的油量。最低决断油量是指考虑到规定的燃油油量指示系统误差后的备降油量与飞机在备降机场上空450m(1500ft)的高度上以等待速度飞行30min的油量之和。机长和飞行签派员可以在最低决断油量的基础上适当增加决断油量的总量，以便在备降过程中提供意外情况用油。

如果飞行明显地不能按现行飞行计划完成，机长应通过公司的通信系统通知飞行签派员到目的地机场修正的EFOA，机长和飞行签派员应当共同决定应对措施，做出执行应对措施的决定应不迟于EFOA达到决断油量的时刻。如果因故机长联系不上飞行签派员，机长可以自行决定应对措施，但事后必须通知飞行签派员。

3. 应对策略

当一个航班明显无法按飞行运行计划完成时，在EFOA达到决断油量前，机长和飞行签派员应选择其他的措施以保证EFOA不小于决断油量。具体应对策略包括以下几个方面：

(1)改变航班的飞行航线、飞行高度层或巡航速度，以减少到达预定着陆机场途中燃油的消耗；

(2)选择一个比飞往原定备降机场耗油少的备降机场；

(3)在决断油量的航程内，如果目的地机场是合适机场，就继续飞往目的地机场；

(4)如果飞往原定的目的地机场已不可能，就应该改变着陆机场。

为了避免在缺少燃料的情况下飞行，机长和飞行签派员必须及时做出备用航线选择的决策。机长在改航飞往备降机场之前应采用一切通信手段与飞行签派员联系。改航备降机场正常应当是签派放行单中列出的机场，除非机长和飞行签派员认为另一机场作为备降机场更为合适。

4. 最低油量

恰当的飞行运行计划和适当的燃油管理程序应当保证所有的班机在到达预计的着陆机场时仍然具有备用燃油。任何额外的延误都能使EFOA减少到一个可接受的水平。机长和飞行签派员应避免到达所选机场后的EFOA维持时间少于30min，如果少于30min，应执行最低油量程序。

最低油量是指按飞机预定航线到着陆点计算，所有那些用来为减少完成飞行所需用燃油的可供选用方法均已被使用过，在预定着陆机场处的EFOA油量只能维持到燃油全部耗尽前不足30min的飞行时间。

1)最低油量计算的依据

(1)等待空速。

(2)机场上空450m(1500ft)。

(3)加上允许的燃油系统的指示误差。

最低油量状况要求飞机在飞向机场时，不能有进一步的延迟或者偏离航班的运行计划航路。该计划航路包括正常的进场程序，加上已向空中交通管制员宣布了最低油量状态后在已知航线上的任何延迟。

2)最低油量的宣布

当出现最低油量状态时，机长应当完成下列工作：

(1)向空中交通管制员宣布“最低油量”；

(2)向空中交通管制员报告剩余的可用燃油还能飞多少分钟；

(3)继续按照空中交通管制员同意的航路飞行；

(4)通知飞行签派员，已宣布了最低油量；

(5)若按照目视规则或者在无雷达地区实施运行，则报告现在位置和预计到达目的地的时间。

飞行签派员当得知出现最低油量状态时，应确保空中交通管制员已收到最低油量通告，并使用合适的通信设施以确保飞行员、飞行签派员和空中交通管制员之间的通信联络和协调，直到飞机安全着陆。

空中交通管制员当得知出现最低油量状况时，要将可能造成进一步延长到达机场的飞行时间的任何不正常的情况，包括等待、天气原因、流量控制、速度限制等及时通知飞行员。空中交通管制员应该随时准备接受飞行员在遇到任何进一步延误时所发出的“紧急油量状态”报告。

规章没有给出紧急油量的定义，航空公司手册中对“紧急油量状态”的定义是当按预定航线飞行时，在预定着陆机场处的EFOA油量只能维持到燃料全部耗尽前不足30min的飞行时间。

当出现紧急油量状态时，机长不应有任何犹豫和延误，应当向空中交通管制员要求“优先处置”并直接飞向机场；飞行签派员和空中交通管制员当得知紧急油量状态出现时，应当实施优先处置。

7.4.5　不正常航班的处置

所有从事运行控制的部门，除首先必须保证运营的安全外，还应保证航班的正点和乘客满意，并尽量使运营的总体效益达到最大。运行控制中心应对公司日常运行中的经济性提出建议，并根据相关部门提供的信息，综合分析决定航班的执行、取消、合并、备降等。

1. 航班调配

航班调配是指在航班发生不正常情况时，在保证安全的前提下通过航班或飞机的调整，减少航班延误的时间和延误的班次，减少公司因航班延误而增加的运行成本。航班调配的主要方法有以下几个方面。

(1) 更换飞机：更换不正常航班的飞机或机型，使航班恢复正常或基本正常。飞机互换时注意飞行机组必需成员和飞行签派员必须符合所用飞机和设备的训练要求，符合相应的航路和机场资格要求，并熟悉所用的通信和签派程序；维修人员也必须符合该飞机和设备的训练要求，并熟悉将要使用的维修程序。

(2) 合并航班：将不正常航班和其他起讫站相同的航班合并，或将其他起讫站相同的次要航班合并，以空出飞机执行该不正常航班，保证除被合并航班外，其他航班正常或基本正常。

(3) 取消航班：将旅客人数较少的不正常航班并给其他公司起讫站相同的航班，或将旅客人数较少的其他次要航班并给其他公司起讫站相同的航班，以空出飞机执行该不正常航班，保证除被取消航班外，其他航班正常或基本正常。

(4) 推迟起飞时间。

(5) 次日补班。

在同时发生多个航班不正常或需要采取合并、取消航班的方案时，综合考虑经济效益和公司形象，一般情况下遵循“先客航班后普通航班，先国际地区航班后国内航班，先干线航班后支线航班，先多段航班后单段航班，先航路时间长的航班后航路时间短的航班”的原则优先保证经济效益好、有重要旅客的航班或关键航班的正常。

2. 航班返航和备降的处置

航班飞行过程中，由于原先满足放行要求的各项条件中的若干项发生变化，导致航班无法按计划在目的地机场着陆，而需要返航或备降，机组在条件允许的情况下，应该先与监控内飞行签派员联系，共同做出决定。此时飞行签派员应完成以下操作。

(1) 与机组保持陆空通信联系，或通过管制部门与机组保持联系，随时掌握飞机的情况。

(2) 通过陆空通信将返航备降机场的天气情况通知机组，或由管制部门通知。

(3) 向机组或管制部门了解航班返航备降的原因和预计到达返航备降机场的时间，并修改当日航班运行计划。

(4) 将情况报告给运行控制部门值班经理。

(5) 根据返航备降的原因，进一步了解情况：

①若为天气原因，则需将放行时的天气资料收集保存备查，并向气象部门了解天气的演变趋势，结合实际运行情况综合判断做出航班着陆后是否下客的决定，并将此决定通知商务部门；

②若为故障原因，则需向机组或通过管制部门了解具体的故障情况，通知维修部门，根据其意见决定是否需派飞行指挥员、机场保障车辆以及是否下客，并按需通知飞行部派飞行指挥员，通知机场准备保障车辆，通知商务部门或机场代理部门暂缓下客；

③若为航路管制或机场等其他原因，则向管制、机场等有关部门了解管制或机场情况初步确定航班着陆后需继续等待的时间，做出航班着陆后是否下客的决定，并将此决定通知商务部门；

(6) 对当日航班运行计划中该航班的着陆时间和着陆后预计再次起飞的时间进行修改。

(7) 若导致返航备降的原因长时间不能消除，或者经过航班调配，返航备降的航班最终被取消，则需通知管制部门并拍发取消电报。

(8) 检查航班衔接情况，对受影响的后续航班进行调配。

思 考 题

1. 什么是运行监控？什么是告警？
2. 运行监控系统监控的要素包括哪些？
3. 飞行签派员可以用哪些手段获得航班运行情况和飞机状态信息？
4. 飞机 4D 位置和油量信息的监控频次间隔不超过多少分钟？
5. 简述机场气象、油量偏差的告警逻辑。
6. 运行监控中机组应当报告哪些内容？
7. 飞行签派员在飞行的各个阶段里的运行监控职责有什么？
8. 什么是更改签派放行？什么是重新签派放行？
9. 机长和飞行签派员的应急权力有哪些？行使应急权力后应何时提交报告？
10. 简述不正常情况的基本处置程序。
11. 什么是决断油量、最低油量和紧急油量？当出现最低油量时机长、飞行签派员和空中交通管制员需如何处置？
12. 简述航班调配、航班返航备降的处置方法。

第8章 信 息 支 持

运行控制的基础是信息的顺畅流动，通信是支持航空公司运行控制实施的关键技术。通信支持可以划分为两个主要类型：一是航空固定通信，主要用于重要基础数据的广播性告知，要求涉及本次运行的各相关单位都能检索、查阅、正确识读并可以留档备查，核心要求是编码的规范化，代表是给空管的领航计划报等；二是航空移动通信，主要用于解决运行实时沟通和快速响应的问题，要求能够在飞行的全过程中保持信息顺畅交流，核心技术是卫星通信和数据链，代表是定期载客运行要求的4min建立通信联系。

8.1 记录与报告

8.1.1 机长报告

当飞行结束，机组完成飞行讲评后，机长应通过无线电波道或其他形式向飞行签派员通报飞行中的重要天气情况及其他必要信息，飞行签派员接到机长的飞行通报后，应将情况记录下来并报告给相关部门。如遇有特殊情况，机长应写出书面报告。

1. 危险天气的报告

在飞行中遇到气象条件不正常时，如果机长认为这些情况对其他飞行的安全十分重要，应当尽快通知飞行签派员。接到通知的飞行签派员，应当把情况报告给公司负责该区域飞行监控或签派放行任务的其他飞行签派员和在该区域运行的公司其他航班的机长。

2. 地面设施与导航设施不正常的报告

在飞行中遇到地面设施或导航设施不正常时，如果机长认为这些情况对其他飞行的安全十分重要，应当尽快通知飞行签派员。接到通知的飞行签派员，应当把情况报告给公司负责该区域飞行监控或签派放行任务的其他飞行签派员、在该区域运行的公司其他航班的机长和直接负责运行该设施的机构。

3. 发动机不工作时的报告

对于所有飞机，在飞机发动机失效，或者为防止可能的损坏而停止发动机运转时，机长均应当按飞行时间在距离最近的能安全着陆的合适机场着陆。

如果装有三台或三台以上发动机的飞机只有一台发动机失效或停止运转，机长在考虑到下列因素后，认为飞往另一机场与在最近的合适机场着陆同样安全时，则可以飞往所选定的另一机场：

(1) 故障的性质和继续飞行可能出现的机械上的困难；

(2) 发动机停止运转时的高度、重量和可用的燃油量；

(3) 航路和可着陆机场的气象条件；

(4) 空中交通的拥挤情况；

(5) 地形种类；

(6) 机长对所使用的机场的熟悉程度。

机长应当把飞行中发动机停车的情况尽快报告给有关的空中交通管制员和飞行签派员，并随时报告飞行进展的全部情况。如果机长未在按飞行时间距离最近的合适机场着陆，而选定另一机场着陆，那么在完成该次飞行后，机长应当向公司主管运行的副总经理呈交书面报告一式两份，陈述其具有同等安全程度的理由。负责运行的副总经理应当在飞行机组返回基地后的 10 天内把签有其意见的报告副本提交给局方。

8.1.2 文件保存

负责飞行监控的飞行签派员，应对其与飞行机组成员之间每次航路上的无线电联系内容逐项予以记录，并应将人工记录或电子记录内容保存至少 30 天。

对于国内、国际定期载客运行，机长应当将填写好的装载舱单、签派单和飞行计划，随机携带到目的地。合格证持有人应当保存这些文件的副本至少 3 个月。

对于补充运行，机长必须携带装载舱单、飞行放行单、适航放行单、驾驶员航线合格证明、飞行计划的原件或者经签署的文件副本飞行到目的地机场。合格证持有人应当在其运行手册中制定专门人员负责将这些文件的副本在主运行基地保存至少 3 个月。

(1) 如果飞行在合格证持有人主运行基地始发，应当在其主运行基地保存这些文件的原件或者副本。

(2) 如果飞行在合格证持有人主运行基地以外的机场始发，机长(或者合格证持有人授权的其他运行控制人员)应当在起飞前或者起飞后立即将这些文件副本发送或者带回到主运行基地保存。

(3) 如果飞行始发在合格证持有人的主运行基地以外机场，并且合格证持有人在那个机场委托他人负责管理飞行运行，这些签署过的文件副本在送回合格证持有人的主运行基地前在该机场的保存不得超过 30 天。

8.1.3 对延迟和失踪航空器信息的收集与发布

飞行中，从空中交通管制员开始呼叫机长或机长依照要求应进行请示、报告的时间起，管制员利用所有通信频率多次呼叫机长超过 30min，仍未收到回答的状态，即为航空器失去通信联络。

航空器失去通信联络时，负责该航班运行控制的飞行签派员应该做到以下几方面：

(1) 根据最后一次通信联络的位置和时间，估算飞机的大致范围；

(2) 使用公司的地空通信设备向空中飞机盲发重要航行情报变化和重要气象情报；

(3) 提醒空中交通管制部门开放有关助航设备，使用雷达寻找飞机，指挥其他航空器避让；

(4) 协助空中交通管制部门分析、评估可能的原因；

(5) 若已与飞行机组取得联系，则提供其所需资料，并在该次飞行完成后，向其了解详细情况；

(6) 联系目的地机场当局，告知有关的情况，完成接收准备；

(7) 飞机需要救援时，通知援救单位，做好所需援救准备；

(8) 必要时请求空军派飞机进行引导。

8.2　航空通信和飞行报文

航空通信网，是通过不同类属的空地和地地通信链路向航空器驾驶员、管制员、航空器运营人提供数字化数据信息交换的通信网络。航空通信根据其使用范围和特性，可以分为航空固定通信和航空移动通信两种。航空固定通信，是在规定的固定点之间，主要为空中航行安全、正常、有效和经济地运行所提供的通信服务。航空移动通信，是在航空电台与航空器之间或航空电台之间，包括救生船舶电台也可参加的陆空通信，紧急无线电示位信标台在指定的遇险和紧急频率上也可参加此种服务。

航空固定通信是民航通信的重要组成部分，是通过平面电报、数据通信、卫星通信、有线电话等方式进行的通信业务。目前我国的航空固定通信网络包括国际民航组织航空固定业务通信网(AFTN)、国际航空通信协会通信网(SITA)和地面业务通信网。

AFTN 是国际民航组织各成员国之间的航空固定业务通信电路相互连接组成的国际民航专用地面通信网。此网络中传递的电报格式称为 AFTN 格式。我国的空中交通服务电报、气象电报、航行通告和民航局业务电报都使用 AFTN 网络，但是报文格式按照各自的标准，局方的某些业务电报，如有关申请的批复意见等，可以使用明语编写内容。

SITA 是世界范围的，由国际航空电信协会经营的、供协会成员航空公司内部或航空公司之间传递电报和数据的通信网。中国民航于 1980 年 5 月加入国际航空电信协会，目前各航空公司都是 SITA 的会员，除电信通信服务，SITA 还向我国提供自动订座、计算机飞行计划制定和数据交换等服务。国际航空电信协会电信网中传递的电报格式称为 SITA 格式，为了实现电报信息处理的自动化，对航空公司的动态电报等规定了标准格式，但除此之外的电报都可以使用明语编写内容。

地面业务通信网是以中国民用航空局为中心，连接各管理局、空管局、航空公司和机场等国内所有民航单位的通信网络，对外与国际民航组织航空固定业务通信网和国际航空通信协会通信网相连接。目前除少数特殊机场采用无线电报通信外，其他大都采用有线电传通信，按飞行管制和组织的需要，实现了起降机场之间、相邻管制单位之间的直达通信网络。某些相邻管制区之间还建立了专用直通电话进行管制协调和移交。

8.2.1　移动通信技术

航空移动通信是保障运行安全的重要技术手段。任何航空公司在实施定期载客运行时，都必须满足在正常运行条件下，在整个航路上，各点都具有陆空双向无线电通信系统，能保证每一架飞机与相应的签派室之间、每一架飞机与相应的空中交通管制单位之间，以直接的或者通过经批准的点到点间的线路，进行迅速可靠的通信联系。除经局方根据所用机型和运行情况做出特殊批准外，对于航空公司的所有运行，每架飞机与签派室之间的通信系统应当是空中交通管制通信系统之外的独立系统。陆空通信的技术手段包括以下几种。

(1)甚高频无线电(VHF)：国际民航组织规定甚高频无线电通信使用的频率范围为118～151.975MHz，通过直线波传输，其通信质量高，但是通信距离短。

(2)高频无线电(HF)：国际民航组织规定高频无线电通信使用频率范围为2～30MHz，通过天波传输，其通信距离长，但是通信质量不稳定。

(3)航空器通信寻址与报告系统(ACARS)：一种在航空器和地面站之间通过无线电或卫星传输短消息或报文的数字数据链系统。在飞机与飞行签派员之间，ACARS 能够提供快速、高质量的通信联系。利用该系统可实现对飞机的全程跟踪监控，并可实现地面与飞机间的双向数据通信。

(4)卫星电话：基于海事卫星通信系统或“铱星”卫星通信系统，实现除部分高纬度地区之外全球范围飞机和签派室的通信联系，通信质量好并且响应迅速，但是费用高。

遇险是指受到严重的和/或紧迫的危险和威胁，并要求立即援助的情况。出现遇险时，二次雷达应答机编码设置为A7700，起始呼叫“MAYDAY”遇险信号时应重复3次。遇险信息在当时所用的地空频率上发送，也可在121.5MHz的航空紧急频率发出。

机长必须尽一切可能发出遇险信号，报告航空器位置、遇险性质和所需的紧急援助。任何飞机收听到遇险信号时，应暂时停止无线电发信，但仍应在该频率上守听。必要时协助遇险飞机转告遇险情况报告。

在 ACARS 数据链系统出现之前，地面人员和飞行人员之间的所有交流只能通过语音进行。这种语音通信或者依托廉价但信号覆盖差的甚高频或高频系统，或者依托覆盖好但是昂贵的卫星通信技术，而 ACARS 出现后，极大地提高了信息交互的性价比，是目前最主要的移动通信系统。

地面 ACARS 由一个有多个无线电收发机构成的网络组成，它可以接收(或发送)数据链消息，并将其分发到网络上的不同航空公司。 数据链服务提供商(DSP)负责空地之间的消息分发。目前由民航数据通信有限责任公司(ADCC)提供中国地区空地数据通信服务，国际上主要有 ARINC 和 SITA 两家提供路由服务。

ACARS 的最初应用是分析 OOOI 事件，即自动检测和报告飞机在主要飞行阶段的进程。主要飞行阶段是指推出登机门(Out of the Gate)、离地(Off the Ground)、着陆(On the Ground)和停靠登机门(Into the Gate)，民航中简称 OOOI。这些 OOOI 事件是由ACARS 管理单元通过飞机上各种传感器(如舱门、停留刹车和起落架上的开关传感器)的输出信号来确认的。在每一飞行阶段的开始时刻，ACARS 将一个数字报文发送到地面，其中包括飞行阶段名称、发生时刻，以及其他如燃油量或始发地和目的地。

ACARS 和飞行管理系统(FMS)之间的数据链接口的出现，可以将地面发送到机载ACARS 管理单元上的飞行计划和气象信息转发到 FMS。这样在飞行过程中，航空公司就可以更新 FMS 中的数据，使得机组人员可以评估新的气象条件，或者变更飞行计划。

随后还出现了 ACARS 同飞行数据采集与管理系统(FDAMS)或飞机状态监控系统(ACMS)之间的接口，使得数据链系统在航空公司得到更多的应用。通过使用 ACARS网络，航空公司就可以在地面上实时得到 FDAMS/ACMS 上的性能数据，用以分析航空器、引擎和操作性能。这样维护人员就不用必须等到飞机回到地面后才到飞机上去获取这些数据了。这些系统能够识别出不正常的飞行，并自动向航空公司发送实时报文。详细的引擎状态报告也能经 ACARS 发送到地面。航空公司据此来监控引擎性能、规划维修活动，并且通过升级机载维护计算机，使其可以通过 ACARS 实时传送飞机的维护信息。航空公司维修人员通过这些信息和 FDAMS 数据，甚至在飞行中就可以规划有关航空器的维修活动。

上述处理过程都是由 ACARS 及相关系统自动执行的。随着 ACARS 的发展，现在 ACARS 控制单元同驾驶舱内的控制显示单元(CDU)之间有了直接连接。CDU，通常也称 MCDU(多功能 CDU)，让机组可以像收发电子邮件一样收发消息。这项功能使飞行人员能够处理更多类型的信息，包括从地面获取各种类型的信息以及向地面发送各种类型的报告。

8.2.2 AFTN 电报

为了便于在拍发电报中使用统一的格式和标准，提高工作效率，实现空管电报处理的自动化和飞行信息处理自动化，我国民航根据国际民航组织 Doc4444 中的要求编制的《民用航空飞行动态固定电报格式》(MH/T 4007-2012)，统一了空中交通服务电报的格式和编写方法。

1. 空中交通服务电报通用数据

1) 高度层数据

高度层数据有 4 种表示方法：

(1)“F”后跟随 3 位数，表示以 100ft 为单位的飞行高度层，如飞行高度层 33000ft 以“F330”表示。

(2)“S”后跟随 4 位数，表示以 10m 为单位的飞行高度层，如飞行高度层 11400m 以“S1140”表示。

(3)“A”后跟随 3 位数，表示以 100ft 为单位的海拔高度，如海拔高度 4500ft 以“A045”表示。

(4)“M”后跟随 4 位数，表示以 10m 为单位的海拔高度，如海拔高度 8400m 以“M0840”表示。

2) 位置及航路数据

表示位置或航路，应选用下列数据规定：

(1) 用 2～7 个字符表示应飞的空中交通服务航路代号。

(2) 用 2～5 个字符表示指定给航路上某一点的代号。

(3) 用 11 个字符表示经纬度，第 1、2 位数表示纬度度数；第 3、4 位数表示纬度分数；第 5 位“N”表示“北”或“S”表示“南”；第 6、7、8 位数表示经度度数；第 9、10 位数表示经度分数；第 11 位“E”表示“东”或“W”表示“西”，如 3804N04001W。

(4) 经纬度也可以用 7 个字符表示，第 1、2 位数表示纬度度数；第 3 位“N”表示“北”或“S”表示“南”；第 4、5、6 位数表示经度度数；第 7 位“E”表示“东”或“W”表示“西”，如 38N054E。

(5) 由 2 或 3 个字母代表某一导航设备的编码代号，后随 6 位数字。前 3 位数字表示该点相对导航设备的磁方位度数，后 3 位表示距导航设备的海里数。为了达到所要求的位数，可在数据前加“0”。例如，距全向信标台“FOJ”40n mile，磁方位 180 度的一点应以“FOJ180040”表示。

3) 时间数据

空中交通服务电报使用世界协调时(UTC)，精确到分钟，用连续 4 位数字表示，前 2 位表示小时；后两位表示分钟。例如，0830 表示世界协调时 08:30。

2. FPL 电报格式及拍发规定

电报格式：(电报类别编号和参考数据—航空器识别标志和 SSR 模式及编码—飞行规则及种类—航空器数目、机型和尾流等级—机载设备—起飞机场和时间—航路—目的地机场和预计经过总时间，备降机场—其他情报)

举例：

(FPL－CSN1101－IN
－B762 / H－SG / S
－ZSSS0100
－K0850S1070 PK G330 PIMOL A593 BTO VYK DK PEK
－ZBAA0145 ZBTJ ZSJN
－EET / ZBPE0110 REG / B2570 SEL / MQFH)

解释：南方航空 1101 航班，仪表飞行，非正班，机型 B767-200，重型机，机上有全球卫星定位设备，标准通信导航进近设备，A 模式及 C 模式应答机。起飞机场为上海虹桥机场，预计撤轮挡时间为 0100(UTC)，航路的巡航速度为 850km/h，请求的飞行高度层为 S1070，航路为从 PK 沿 G330，在 PIMOL 转入 A593，经 BTO、VYK、DK，目的地机场为首都机场，预计飞行总时间为 1h 45min，备降机场为天津机场和济南机场。预计到达北京飞行情报区边界用时 1h 10min，航空器注册号为 B2570，选择呼叫代码为 MQFH。

(FPL－CSH1302－IS
－B744/H－GIOV/CD
－ZBAA1400
－N0480F330CD SJW WXI285036/M082F310A461 36N115W
－ZGGG0240ZGSZ
－EET/ZHWH0100 REG/B2442SEL/DFCH)

解释：上海航空 1302 航班，仪表飞行，正班，机型 B747-400，重型机，机上有全球卫星定位设备、惯性导航设备、全向信标接收机、甚高频无线电设备和二次雷达 A 模式应答机、自动相关监视设备。起飞机场为北京机场，预计撤轮挡时间为 1400(UTC)，第一段航路的巡航速度和请求飞行高度层为 480kn 和 33000ft，经 CD 直飞 SJW，在 WXI 台 285°，36n mile 处下降到 31000，马赫数为 0.82，沿 A461 航路飞行到达北纬 36°，西经 115°，目的地机场为广州机场，预计飞行总时间为 2h 40min，备降机场为深圳机场。预计到达武汉飞行情报区边界用时 1h，航空器注册号为 B2442，选择呼叫代码为 DFCH。

8.2.3 SITA 电报

根据我国民航现状，航行电报分为 AFTN 和 SITA 两种格式。空中交通管理部门之间只使用 AFTN 格式电报，SITA 格式电报用于航空公司内部各部门之间，或者是航空公司给国外的机场航务代理机构拍发。两种格式不能混合使用。与 AFTN 格式相比，SITA 格式仅有很少种类的电报严格规定格式，大部分电报可以类似 E-mail 那样只需要有符合要求的地址，正文可以随意编写。

空中交通管理部门和航空公司的衔接环节、航空公司运行控制中心和机场飞行服务报告室，同时具备 AFTN 地址和 SITA 地址，既可以收到 AFTN 电报，也能够收到 SITA 电报。因此，一方面，民航局的管理要求和批复意见或飞行情报部门发往航空公司的航行情报电报(NOTAM)或运行控制中心向有关管制部门递发的飞行领航计划报和国际航班自国外延误或当日取消的电报，都可使用 AFTN 线路拍发；另一方面，航空公司的飞行签派员也可以将一份领航计划报的电文部分，用明语发到起飞机场飞行服务报告室的 SITA 地址，再由其复制转发给相应的空管部门。

1. 电报的组成

电报由报头、缓急标志、收电地址、签发时间、发电地址和电文组成。

SITA 电报收发地址由 7 个字母组成，前三个字母为地名，后四个字母为公司和部门代码。例如：

PEKUOCA，表示国航北京签派室；SHAUOMU，表述东航上海签派室；

CANUOCZ，表示南航广州签派室；HAKUOHU，表示海航海口签派室；

NKGZPCA，表示南京民航飞行服务报告室；

KMGZPCA，表示昆明民航飞行服务报告室。

电文正文可以使用明语(英语或汉语拼音)编写任何所需内容，但是为了适应我国民航的高速发展，对于常用的航务管理电报规定有固定格式，目的是实现航务管理电报的自动化处理，保证航务管理信息的有效传递。

2. 固定格式航务管理电报分类、结构及数据规定

固定格式航务管理电报分为以下种类。

(1) 动态电报(MVT)。

《中国民航国际通信手册》规定 SITA 动态报又分以下四种：起飞报(AD)；降落报(AA)；延误报(DL)和取消报(CNL)。

(2) 飞行预报(PLN)。

(3) 飞行放行电报(CLR)。

固定格式航务管理电报中所包含的信息数据由多行构成，航务管理电报的类别标志为电报报文的第一行。固定格式航务管理电报的每一行，都应有固定的信息数据，包含多个项目，每个项目间应使用一空格符号分隔，每个项目中，当包含两组字符时，应使用一左斜线“/”分隔。固定格式航务电报如果需补充说明其他内容，应在补充信息代码“SI”之后编写，凡“SI”代码之后所编写的内容均为补充信息资料，补充信息资料可分为若干行编写。

固定格式航务管理电报的数据规定如下。

(1)日期：使用两位数字与英文三字代码连写作表示，有的国际电报中只使用两位数字，而不做月份说明。例如，8 月 2 日，编为“02AUG”。

(2)时间：使用国际时，四位数，24 小时制；前两位为时，后两位为分。例如，北京时间 14:30，应编为“0630”。

(3)航空器注册号：在民航局注册的航空器，在其注册号前应加注我国航空器无线电识别标志大写字母“B”，并在注册号中取消其中的短划“—”，如 B—2448 号飞机应编为 B2448，若没有航空器注册号的飞机，可使用“ZZZZ”表示；其具体说明可编写在补充信息资料中。外国注册的航空器按有关国家规定的注册号填写。

固定格式航务管理电报的常用简字包括：

MVT	飞行动态	AD	实际起飞	NI	下次报告时间
CNL	取消	AA	实际到达	IR	不正常原因
DL	延误	ED	预计起飞	DIV	改航
SI	补充信息	EA	预计到达	PX	旅客

固定格式航务管理电报规范的任务性质包括：

A/V	熟练飞行	H/G	货物包机飞行	O/F	急救飞行	X/D	护林飞行
B/F	播种飞行	H/Y	货物加班飞行	R/Z	试航	X/L	训练飞行
B/W	专机飞行	J/B	班机按专机保障飞行	S/F	试飞	Y/H	夜航飞行
C/B	普客加班飞行	K/L	本场训练飞行	U/H	公务飞行	Z/P	补班飞行
F/J	校验飞行	L/W	旅客包机飞行	W/A	转场飞行	Z/X	要客加班飞行
H/F	航摄飞行	N/M	调机飞行	W/Z	正班飞行		

3. 固定格式航务管理电报格式说明

1)起飞报 AD

(1)编写要求。

起飞电报中各项必须按格式要求分行编写，每一项的位置不得任意更改；字符应严格按以上规定栏目填写，不得任意增减。航班号一项的填写不得超过 7 个字符，其前两位为航空公司两字代码。起飞机场和预达机场，若无三字地名代码时，均编写“ZZZ”，然后在补充信息中说明，也可用汉语拼音表示，其表达方式为：AD/后接起飞机场地名代号或拼音名称；AA/后接降落机场地名代号或拼音名称。

补充信息资料用于补充说明前面各项中未能明确的内容，可使用英文明语说明。

(2)格式。

第一行：(电报类别标志)动态报标志

第二行：(航班信息)航班号/日期　航空器注册号　起飞机场

第三行：(动态信息)起飞代码　撤轮挡时间/离地时间

第四行：(动态信息)预计降落代码　预计降落时间　降落机场

第五行：(补充信息)补充信息代码：补充信息资料

举例：

MVT

CA1501/01AUG B2443 PEK

AD 0050/0102

EA 0232 SHA

SI：

解释：国航 1501 航班，航空器注册号为 B-2443，8 月 1 日北京起飞，实际撤轮挡时间 00:50，实际离地时间 01:02，预计 02:32 降落在上海虹桥机场。

2)降落报 AA

(1)编写要求。

降落报的注意事项和说明，除返航、备降落地信息外，均与起飞报相同。有关返航备降的信息资料，均在补充信息资料中编写，当飞机返航、备降落地时，除编发返航、备降落地时间外，应尽量将返航、备降的原因在补充信息资料中编写清楚，其编写方式如下。

SI：RTN/后返航原因

ALT/后接备降原因

(2)格式。

第一行：(电报类别标志)动态报标志

第二行：(航班信息)航班号/日期　航空器注册号　降落机场

第三行：(动态信息)降落代码　降落时间/挡轮挡时间

第四行：(补充信息)补充信息代码：补充信息资料

举例：

MVT

CA1501/01AUG B2443 SHA

AA 0220/0235

SI：

解释：国航 1501 航班，航空器注册号为 B-2443，8 月 1 日在上海虹桥机场降落，降落时间 02:20，挡轮挡时间 02:35。

3)延误报 DL、ED、NI

(1)编写要求。

延误报有三种固定格式，可根据情况选其中一种使用。具体说明如下。

延误时间在 30min 以内的航班，应拍发起飞延误报，起飞延误报可以和起飞报合并拍发，但必须在起飞延误报的第三行和第四行之间，增加一行预达信息。

当延误时间超过 30min 以上，有明确的延误原因和清楚的预计起飞时间时，应拍发延误报。

当无法明确航班延误后的预计起飞时间时，应拍发长期延误报。编写电报时，应在下次信息通告代码“NI”后编写下一次通告的时间。

常见延误原因代码如表 8.1 所示。

表 8.1 常见延误原因代码

代码	性质	描述	所属类别	所属项目
AD	延误	机场或跑道关闭	机场设施	机场关闭
AF	延误	机场设施	机场设施	机场设施
AG	延误	边防，海关，卫生检疫	联检	联检
AM	延误	空军活动	禁航	航路禁航
AT	延误	流量控制	流量控制	流量控制
FB	延误	机长要求安全检查	空防	空防原因
FT	延误	机组登机或起飞准备晚了	空勤人员	机组原因
GB	延误	食品供应，交送或装载迟误	食品供应	食品供应
GC	延误	飞机清洁	飞机清洁	飞机清洁
GD	延误	飞行文件，申报单，舱单延误	航行保障	航行保障
GL	延误	装货或卸货原因	运输服务	货运原因
PS	延误	等团体客、重要客或减客翻舱	旅客原因	旅客原因
RO	延误	运行控制，改航备降合并等	公司计划	公司计划
TD	延误	飞机故障	工程机务	飞机故障
WG	延误	恶劣天气造成地面服务影响	天气	天气原因
WI	延误	飞机除雪、除冰和防霜	天气	天气原因
WO	延误	起飞机场天气	天气	天气原因
WR	延误	航路备降机场天气	天气	天气原因
WS	延误	机场扫雪，除冰，排水，除沙	天气	天气原因
WT	延误	目的地机场天气	天气	天气原因

(2)格式。

第一行：(电报类别标志)动态报标志

第二行：(航班信息)航班号/日期 航空器注册号 起飞机场

第三行：(动态信息)起飞代码 撤轮挡时间/离地时间

(延误代码(ED) 预计起飞时间)

(长期延误代码 下次通告时间)

第四行：(延误信息)延误代码 延误原因/延误时间

(延误代码(DL) 延误原因)

(延误代码(DL) 延误原因)

第五行：(补充信息)补充信息代码：补充信息资料

起飞延误报举例：

MVT

CA1501/04AUG B2443 PEK

AD0100/0115

DL GL/20

SI：

解释：国航 1501 航班，航空器注册号为 B-2443，8 月 4 日北京机场起飞，实际撤轮挡时间 01:00，实际起飞时间 01:15，由于装卸货，延误 20min。

延误报举例：

MVT

CA1501/04AUG B2443 PEK

ED0910

DL WT

SI：

解释：国航 1501 航班，航空器注册号为 B-2443，8 月 4 日北京机场起飞，因为目的地机场天气状况延误，预计起飞时间 09:10。

长期延误报举例：

MVT

CA1501/04AUG B2443 PEK

NI1000

DL TD

SI：

解释：国航 1501 航班，航空器注册号为 B-2443，8 月 4 日北京机场起飞，因为飞机故障延误，延误时间不定，预计下次信息通告时间 10:00。

4）取消报 CNL

（1）编写要求。

取消电报为取消航班任务的电报，它表示航班因特殊状况不再执行，原因可在补充信息中说明。其他说明与前面的电报相同。

（2）格式。

第一行：（电报类别标志）动态报标志

第二行：（取消信息）取消代码航班号/日期 航空器注册号

第三行：（补充信息）补充信息代码：补充信息资料

举例：

MVT

CNL CA1501/04AUG B2443

SI：DUE TO NO PAX

解释：取消 8 月 4 日的国航 1501 航班，航空器注册号为 B-2443，因为没有旅客。

思 考 题

1. 当飞行结束后机长应向飞行签派员通报哪些信息？

2. 哪些运行文件和资料需要进行保存？保存的期限是多少？
3. 航空器失去通信联络时，负责该航班运行控制的飞行签派员应该采取什么措施？
4. 陆空通信的技术手段包括什么？航空应急频率是多少？
5. 什么是 ACARS？什么是 AFTN？什么是 SITA？
6. H/G、O/F、H/Y、B/W、C/B、K/L、Z/P、L/W、W/Z 的任务性质分别是什么？
7. 解释报文：

(FPL—CSN341—IS
—B752/M—SHDGRW/C
—ZPPP0235
—K0882S1010 KMG A599 POU R473 SIERA/N0427F190 SIER2A
—VHHH0200 ZGOW
—EET/ZGZU0029 VHHK0131 REG/B2838 SEL/EMGQ RMK/ACASII EQUIPPED)

8. 解释报文：

MVT
3U3491/08JUN B2510 PEK
ED 1810
DL WS
SI:

参 考 文 献

蔡成仁, 1992. 航空无线电. 北京: 科学出版社.
陈肯, 何光勤, 2003. 航行情报服务. 成都: 西南交通大学出版社.
陈治怀, 黄宝军, 2007. 民用航空器运行管理的规章和适航管理. 北京: 兵器工业出版社.
傅职忠, 2003. 飞行计划与装载配平. 北京: 中国三峡出版社.
耿淑香, 2000. 航空公司运营管理方略. 北京: 中国民航出版社.
何光勤, 罗凤娥, 陈华群, 2016. 签派程序与方法. 2 版. 成都: 西南交通大学出版社.
姜长英, 2000. 中国航空史. 北京: 清华大学出版社.
刘成, 2008. 民航运输系统运行解码. 上海: 上海交通大学出版社.
刘晓明, 苏彬, 孙宏, 2003. 飞行性能与计划. 成都: 西南交通大学出版社.
马苏德・巴扎尔甘, 2006. 航空公司运营规划与管理. 邵龙, 王美佳, 译. 北京: 中国民航出版社.
潘卫军, 2005. 空中交通管理基础. 成都: 西南交通大学出版社.
彭本红, 吴桂平, 2010. 航空公司运营管理. 武汉: 武汉理工大学出版社.
斯蒂芬・萧, 2007. 航空公司市场营销与管理. 5 版. 邵龙, 译. 北京: 中国民航出版社.
沃纳・德夫曼, 赫伯特・鲍姆, 2008. 航空公司战略管理. 于剑, 译. 北京: 中国民航出版社.
中国东方航空股份有限公司运行管理部, 2022. 运行手册. 上海: 中国东方航空股份有限公司.
中国东方航空股份有限公司运行控制中心, 2022a. 飞行签派手册. 上海: 中国东方航空股份有限公司.
中国东方航空股份有限公司运行控制中心, 2022b. 应急响应程序. 上海: 中国东方航空股份有限公司.
中国民用航空局, 2012. 民用航空飞行动态固定电报格式(MH/T 4007-2012). 北京: 中国民用航空局.
中国民用航空局, 2016a. 民用机场飞行程序和运行最低标准管理规定. 北京: 中国民用航空局.
中国民用航空局, 2016b. 运输类飞机适航标准. 北京: 中国民用航空局.
中国民用航空局, 2021. 大型飞机公共航空运输承运人运行合格审定规则. 北京: 中国民用航空局.
中国民用航空局, 2022. 民用航空飞行签派员执照和训练机构管理规则. 北京: 中国民用航空局.

附 录

附录A 常用代码

1. 机场代码

IATA 三字代码	ICAO 四字代码	中文名称	IATA 三字代码	ICAO 四字代码	中文名称
SHE	ZYTX	沈阳桃仙	SZX	ZGSZ	深圳宝安
DLC	ZYTL	大连周水子	ZUH	ZGSD	珠海金湾
HRB	ZYHB	哈尔滨太平	SWA	ZGOW	潮汕揭阳
CGQ	ZYCC	长春龙嘉	NNG	ZGNN	南宁吴圩
URC	ZWWW	乌鲁木齐地窝堡	KWL	ZGKL	桂林两江
AKU	ZWAK	阿克苏红旗坡	CSX	ZGHA	长沙黄花
CTU	ZUUU	成都双流	CAN	ZGGG	广州白云
TFU	ZUTF	成都天府	TYN	ZBYN	太原武宿
LXA	ZULS	拉萨贡嘎	TSN	ZBTJ	天津滨海
KWE	ZUGY	贵阳龙洞堡	SJW	ZBSJ	石家庄正定
CKG	ZUCK	重庆江北	HET	ZBHH	呼和浩特白塔
WNZ	ZSWZ	温州龙湾	PEK	ZBAA	北京首都
SHA	ZSSS	上海虹桥	PKX	ZBAD	北京大兴
TAO	ZSQD	青岛胶东	SIN	WSSS	新加坡樟宜
PVG	ZSPD	上海浦东	BKK	VTBS	曼谷素万那普
HFE	ZSOF	合肥新桥	MFM	VMMC	澳门
NKG	ZSNJ	南京禄口	HKG	VHHH	香港
NGB	ZSNB	宁波栎社	ICN	RKSI	首尔仁川
TNA	ZSJN	济南遥墙	HND	RJTT	东京羽田
FOC	ZSFZ	福州长乐	NRT	RJAA	东京成田
KHN	ZSCN	南昌昌北	TPE	RCTP	台北桃园
XMN	ZSAM	厦门高崎	DXB	OMDB	迪拜
KMG	ZPPP	昆明长水	CDG	LFPG	巴黎戴高乐
LJG	ZPLJ	丽江三义	ORD	KORD	芝加哥奥黑尔
LHW	ZLLL	兰州中川	LAX	KLAX	洛杉矶
INC	ZLIC	银川河东	JFK	KJFK	纽约肯尼迪
SYX	ZJSY	三亚凤凰	ATL	KATL	亚特兰大
HAK	ZJHK	海口美兰	AMS	EHAM	阿姆斯特丹
WUH	ZHHH	武汉天河	LHR	EGLL	伦敦希思罗
CGO	ZHCC	郑州新郑	FRA	EDDF	法兰克福

2. 主要航空公司代码

中文名称	英文名称	两字代码	三字代码
中国国际航空公司	Air China	CA	CCA
山东航空公司	Shandong Airlines	SC	CDG
深圳航空公司	Shenzhen Airlines	ZH	CSZ
中国南方航空公司	China Southern Airlines	CZ	CSN
厦门航空公司	Xiamen Airlines	MF	CXA
中国东方航空公司	China Eastern Airlines	MU	CES
上海航空公司	Shanghai Airlines	FM	CSH
中国联合航空公司	China United Airlines	KN	CUA
四川航空公司	Sichuan Airlines	3U	CSC
成都航空公司	Chengdu Airlines	EU	UEA
海南航空公司	Hainan Airlines	HU	CHH
天津航空公司	Tianjin Airlines	GS	GCR
首都航空公司	Beijing Capital Airlines	JD	CBJ
祥鹏航空公司	Lucky Air	8L	LKE
西部航空公司	West Air	PN	CHB
春秋航空公司	Spring Airlines	9C	CQH
吉祥航空公司	Juneyao Airlines	HO	DKH
华夏航空公司	China Express Airlines	G5	HXA
长龙航空公司	Zhejiang Loong Airlines	GJ	CDC
中国邮政航空公司	China Postal Airlines	CF	CYZ
顺丰航空公司	SF Airlines	O3	CSS
美国航空公司	American Airlines	AA	AAL
达美航空公司	Delta Airlines	DL	DAL
美国联合航空公司	United Airlines	UA	UAL
美国西南航空公司	Southwest Airlines	WN	SWA
汉莎航空公司	Deutsche Lufthansa	LH	DLH
法国航空公司	Air France	AF	AFR
英国航空公司	British Airways	BA	BAW
阿联酋航空公司	Emirates Airlines	EK	UAE

附录B 度量衡换算表

1. 长度单位换算表

公制		英制				
米(m)	千米(km)	英尺(ft)	英寸(in)	码(yd)	英里(mi)	海里(n mile)
1	0.001	3.28	39.34	1.09	*	*
1000	1	3281	*	1094	0.62	0.54
0.305	*	1	12	0.33	*	*
0.914	*	3	36	1	*	*
1609	1.61	5280	*	1760	1	0.87
1853	1.85	6069	*	2023	1.15	1

* 表示该栏中的数据在实际使用中无特别的用处。

2. 重量单位换算表

公制		英美制	
千克(kg)	吨(t)	磅(lb)	盎司(oz)
1	0.001	2.24	35.24
1000	1	2240	*
0.454	*	1	16

* 表示该栏中的数据在实际使用中无特别的用处。

3. 速度单位换算表

公制		英美制
米/秒(m/s)	千米/小时(km/h)	节(kn)
1	3.6	1.944
0.278	1	0.540
0.514	1.852	1